吴冠中艺谭

艺术人生

吴冠中◎著　贾方舟◎主编

山西出版传媒集团　北岳文艺出版社

图书在版编目（CIP）数据

艺术人生 / 吴冠中著. — 太原：北岳文艺出版社，2019.10

（吴冠中艺谭 / 贾方舟主编）

ISBN 978-7-5378-6028-4

Ⅰ．①艺… Ⅱ．①吴… Ⅲ．①吴冠中（1919-2010）—自传 Ⅳ．① K825.72

中国版本图书馆 CIP 数据核字（2019）第 218704 号

艺术人生

吴冠中　著　贾方舟　主编

//

出版策划 续小强　韩玉峰	出版发行：山西出版传媒集团·北岳文艺出版社 地址：山西省太原市并州南路 57 号　邮编：030012 电话：0351-5628696（发行部）　0351-5628688（总编室）
责任编辑 谢放	传真：0351-5628680 网址：http://www.bywy.com　E-mail：bywycbs@163.com 经销商：新华书店
书籍设计 张永文	印刷装订：北京启航东方印刷有限公司 开本：710mm×1000mm　1/16 字数：257 千字　印张：19.5
印装监制 巩璠	版次：2019 年 10 月第 1 版 印次：2019 年 10 月山西第 1 次印刷 书号：ISBN 978-7-5378-6028-4 定价：98.00 元

本书版权为本社独家所有，未经本社同意不得转载、摘编或复制

吴冠中

艺术的殉道者*

贾方舟

《吴冠中艺谭·艺术人生》即将出版，文集收入吴冠中先生陆续写的与自己的人生相关的二十二篇文章，通过这些文章，我们不仅可以了解先生为艺术不懈奋斗的一生，还可以知道他一生中经历过的许许多多的人和事。这些人和事，既与他的生命、命运相关，也与他的艺术相关。因为他的人生，是与艺术紧密相连的人生，他的艺术又是从他的生命和命运中派生出来的艺术。他最初学的专业是机电，但偶然中认识了学绘画的朱德群，从此改变他的人生航程；他从巴黎回国本来是想学在长安译经的玄奘，把他从西方学得的艺术传授给学生，但当时的环境并不适合，于是，他只好离开中央美院到清华大学建筑系给学生教教绘画基础；他学习绘画的初衷也不是做一个风景画家，但命运的捉弄使他不得不走上一个风景画家的道路⋯⋯

2019年4月我到宜兴，特意去寻访吴冠中故居。20世纪90年代，写吴冠中略传《身家性命画图中》时就想去实地看看，那时吴冠中的故居还是原貌，而现在的"吴冠中故居"已经焕然一新，据说是当地一位热爱文化的老板出资重修并扩建成一个有展示空间的大院子。朋友陪我去的这天正好碰上休息日不开放，敲开大门说了许多好话才通融我们进去匆匆浏览一下——并无实质性的资料可看。吴冠中的家乡是典型的江南鱼米之乡，

---

*贾方舟，国家一级美术师，批评家，策展人。

如他所说，"河道纵横，水田、桑园、竹林包围着我们的村子"。一百年前的1919年8月29日（阴历闰七月初五），吴冠中就出生在这里：江苏省宜兴县闸口乡北渠村一个普通的家庭。父亲吴爌北是村里少有的知识分子，起初在外乡教书，后来回到本村自己办学兼务农，学校就设在吴家祠堂。吴冠中最初就是在父亲办的吴氏私立小学上学。

吴冠中家门前有一条河道，河水流到这里终止了，是终端也是起点，从这个起点可以通向闸口、宜兴、无锡、杭州、重庆，乃至中国乃至世界的任何一个地方。吴冠中就是从这个人生的起点上，乘着他姑爹的船离开家乡去上学，一步步从乡镇到城市，从东方到西方……

吴冠中是家中长子，父亲因子女多，生计艰难，又考虑到田地少，子女长大分家后更无立锥之地，因此竭力让子女读书，以便将来出外谋生。吴冠中遵照父亲的意愿，一路考试，以优异成绩升入县立鹅山小学、省立无锡师范、浙江大学机电科，后又进入国立杭州艺专。而这一走，便再也退不回来：小学、中学、大学、留洋，从吴家门前那个小小的"港湾"一直走向巴黎——全世界艺术家心目中的圣地！凡·高曾说："艺术就像是一条水声潺潺的溪河，把人带往港口。"吴冠中就是沿着这条艺术之河，一步步走出中国，走向世界。

1989年，七十岁的吴冠中已是名满天下。那一年，他的水墨画《高昌遗址》在苏富比拍卖中以一百八十七万港元成交，这是中国在世画家的最高成交纪录。六年后，《高昌遗址》的姊妹篇《交河故城》又拍出二百五十六万的高价。在20世纪八九十年代，这两个数字意味着吴冠中可以是一个富豪级别的人物了，豪宅、盛宴、香车、美女，只要他想拥有他都可以有，至少可以改善一下自己的居住空间和工作环境，比如在郊外买一个大一点的别墅，雇几个佣人之类。多少画家有了钱以后不都是这样做的吗？然而，吴冠中没有。他依然保持着一个"平民画家"（这是我给他命名的）的本色。他从一个水乡的农家子弟一步步走到今天，一张画可以卖到百万千万，但他依然住在平民小区，依然过着平民生活。他一天的消费和一个普通北京市民没有多大差别，钱对他没有意义。灯红酒绿、纸醉金迷、穷奢极欲的生活与他无缘；蝇营狗苟、拉帮结派、投靠政要的行为更为他所不齿。他的一生只爱艺术，只与艺术结缘，视艺术如信仰一般神圣。

还是在20世纪六七十年代，他不断外出写生，一画就是一整天，常常是口袋里揣两个馒头，一天就这样对付过去了。他曾给自己"画"过一幅"自画像"："山高海深人瘦，饮食无时学走兽。"生动地刻画出一个为艺术献身的苦行僧形象。有了钱以后本来可以改善一下，但他依然没有享受优越生活的习惯。他家住方庄芳古园三室一厅的普通楼房，那个接待了不知多少大家名流、多少媒体的客厅，也只有十几平方米。先生平常生活极为简朴，没有什么吃的嗜好，都是很普通的饭菜，只请一个小时工为他和老伴做做饭，清扫一下房间。需要理发了，就到楼下，坐在在人行道上临时设的摊的小凳子上，让退休的理发师理个发。除了艺术，他没有任何的嗜好，譬如养个宠物啊，搞点收藏啊，到什么娱乐场所玩玩啊，做些健身运动啊，他什么都没有。他真正是比过去寺庙里的和尚还清心寡欲，对物质享受没有任何欲望。有一年春节，我给他打电话表示问候，问他春节过得好吧，孩子们都回来一起过春节了吧，他居然回答说：我从来不过春节！这让我大吃一惊，再次证明他是一个不食人间烟火的苦行僧，一个艺术的殉道者啊！他是把艺术看得和宗教一样神圣，而他自己便是那个虔诚的宗教徒。有一次他从广东写生回来，一摞未干的油画没有放处，他怕挤压就只好放在自己的座位上，一路站着回到北京。那时的火车多慢啊，他居然都能忍受。1984年，他在沈阳评选全国美展作品，评委会安排评委到辽宁省博物馆地库参观该馆的几件镇馆之宝，他一定要戴上口罩、屏住呼吸恭恭敬敬地看，可见在他眼里，艺术是神圣的。

在改革开放前的三十年中，吴冠中曾长期处于逆境，社会大环境加于他的种种磨难，使他倍受挫折与艰辛；但也正是这样的经历，历练了他的筋骨，成就了他的艺术。所历沧桑，为他晚年的"反刍"提供了绝佳的原料。于是，"沧桑入画"，便成为他晚年作品的基本主题。

2008年，八十九岁高龄的吴冠中走进了798，我和李大钧在桥艺术空间为他策划了一个"吴冠中2007新作展"。此举不仅证明这位让人尊敬的老艺术家所具有的心胸和创造活力，还彰显了他所秉持的艺术态度——以他的德高望重和艺术地位，他本可以在任何一个堂皇一流的美术馆举办展览。798是在新世纪初才自发形成的一个以画廊为主体的艺术社区，虽然处在中国艺术的体制之外，但却是最能显现中国当代艺术活力的地方。作为非官方、非中心、非主流的798，为那些官方化、衙门化的美术机构不屑一顾的798，其魅力正在于它的民间性和边缘性。曾被邀请到大英博物馆办展的吴冠中愿与非官方、非中心、非主流的798为伍，表明了他对现有艺术体制所持的态度。开放而又充满活力的798，是这个时代的象征，也是吴冠中最看重的东西。这与他生前发表的一系列受到质疑的言论有着完全一致的基础。事实上，从改革开放之初到他去世，他从来就没有平静地生活过。他的叛逆精神总是让他处在风口浪尖上倍受争议，总是让他不安分守己，让他惹是生非；从而也总是"腹背受敌"，不得不像鲁迅那样"横站"。但是，他却在风风雨雨、是是非非、恩恩怨怨中依然如故，从不妥协，也从无反悔之意。他一心只在艺术的创造，吐真言，诉真情，说自己想说的话，画自己想画的画。

吴冠中在自传《我负丹青》的前言中开宗明义："身后是非谁管得，其实，生前的是非也管不得。"但他坚信："生命之史都只有真实的一份，伪造或曲解都将被时间揭穿。"于是，晚年的吴冠中该做的事他都做了，他的作品凡他看中的都分别赠送给博物馆，很少一点留给了子女。他放心地走了，为这个国家，为这个国家的艺术事业竭尽了他最后的心力。他一生勤勤恳恳，却在风风雨雨、是是非非中度过。现在的他，再不需要

"横站",再不会感受"腹背受敌"之痛了。他给予这个世界很多,却从没有索取过什么,在生活上更没有奢华过、挥霍过、排场过。清贫乐道的他就这样干干净净地走了,一个伟岸而瘦小的背影,慢慢消失在望不尽的天涯路上……

2019年,是故去九年的吴冠中先生一百周年诞辰,回顾和了解他一生走过的路,对每一个学艺术的青年都不无裨益。至少我们可以从中知道,一个老艺术家是如何在逆境中艰苦卓绝地奋进,最后走向成功的。

吴冠中虽然在艺术上取得了很高成就,但他又始终是一个有争议的人物。这是因为他爱"惹是生非",总是爱说一些过头的话,让人抓住把柄不依不饶。比如他说"笔墨等于零""一百个齐白石也抵不上一个鲁迅",以及他对美协、文联的毫不留情的批评。记得曾经有一个画家跟他说,我们将推荐你担任下届美协主席的候选人。他说,那好啊!如果选我当主席,就两个字:"解散!"就像这样,他的心直口快得罪了很多人。但他是一个太真诚太直率的艺术家,我在和他的交往中,深感他的人格魅力,他直言不讳、光明磊落,在这一点上,没有人可以跟他相比。

1935年,在美国纽约市罗里奇博物馆举行的居里夫人的悼念会上,爱因斯坦激动而又满怀尊敬地说:"在像居里夫人这样一位崇高人物结束她的一生的时候,我们不要仅仅满足于回忆她的工作成果,对人类已经做出的贡献。第一流人物对于时代和历史进程的意义,在其道德品质方面,也许比单纯的才智成就方面还要大。即使是后者,它们取决于品格的程度,也远远超过通常所认为的那样。"他还说:"居里夫人的品德力量和热忱,哪怕只有一小部分存在于欧洲的知识分子之间,欧洲就会面临一个比较光明的未来。"

同样,在我来看,吴冠中先生对于我们的"时代和历史进程的意义",在其为艺术的献身精神和道德力量方面,也许比作为一个单纯的艺术家更有意义。吴冠中离开了我们,我们无法不怀念先生。北岳文艺出版社即将出版的《吴冠中艺谭·艺术人生》就是对吴冠中一百周年诞辰的一个最好纪念。

2019年9月25日于北京京北槐园

目录

家贫·个人奋斗·误入艺途　001
公费留学到巴黎·梦幻与现实·严峻的抉择　010
故园·炼狱·独木桥　020
严寒·酷暑·土地　044
艺海沉浮，深海浅海儿巡回　054
年龄飞升，看寰宇块垒　072
我负丹青！丹青负我！　091
漂洋过海
——留学生活回忆　101
生耶　卖艺　110
回顾　113
走出象牙塔
——关于前国立艺术专科学校的回忆和掌故　116
望尽天涯路
——记我的艺术生涯　124

140 霜叶吐血红
　　——自己的心路历程

145 黄金万两付官司

156 横站生涯五十年

160 他和她

171 续《他和她》

182 后续《他和她》

187 铁的纪念
　　——送别秉明

193 海外遇故知
　　——访巴黎画家朱德群

197 燕归来
　　——喜迎朱德群画展

201 艺途春秋
　　——五十年创作回顾

家贫·个人奋斗·误入艺途

年过八旬,生命所余毕竟日短,而童年犹如昨日,尚在眼前。哲人庄子对生命做出了最艺术的表达,这千古经典,这千古杰作,只四个字:方生方死。

江苏宜兴北渠村,一个教书兼务农的穷教员和一位大家庭破落户出身的文盲女子结婚后,生下一大堆儿女,我是长子。父亲和母亲的婚姻当然是媒妁之言,包办婚姻,爱情未曾显现,却经常吵架。他们共同生活一辈子,合力同心只为了养活一群子女,而且也怀有望子成龙的奢望。这虚幻的龙,显然就是我这个长子,因我入小学后学习成绩经常名列第一。我的老师、父亲的同事缪祖尧就常在父亲前夸奖:爌北(父亲名),茅草窝里要出笋了。

文盲未必是美盲,母亲颇有审美天赋,她敏感,重感情,但性子急,与只求实实在在的父亲真有点水火不容。母亲年轻轻就闹失眠,而父亲的头一碰到枕头便能入睡,他不了解也不同情失眠之苦,甚至嘲笑母亲的失眠。我从中年以后就患失眠,愈老症愈重,最是人生之大苦,我同情我那可怜的母亲,上天又偏不让我继承父亲健康的神经。谁也没有选择投胎的自由,苦瓜藤上结的是苦瓜子,我晚年作过一幅油画《苦瓜家园》。苦,永远缠绕着我,渗入心田。

苦与乐是相对而言,且彼此相转化。我童年认知的苦是穷。我家有十来亩水田,比之富户是穷户,但比之更穷之户又可勉强接近当时当地的小康之家，只因成群的孩子日渐长大，生活愈来愈困难。我家的牛、猪和茅厕挤在一起，上厕甚臭，我常常到田边去撒尿，父亲对此倒并不禁止，只是说尿要撒在自家田里，那是肥。我家也养着鸡，大约五六只。天黑了，鸡们自己回家进入窝里。于是要提着灯去数鸡的数目——会不会少了一只。然后关上鸡窝的门，防黄鼠狼，这照例是我的活，我也乐意抢着做。

村里唯一的初级小学，是吴氏宗祠委托父亲在祠堂里创办

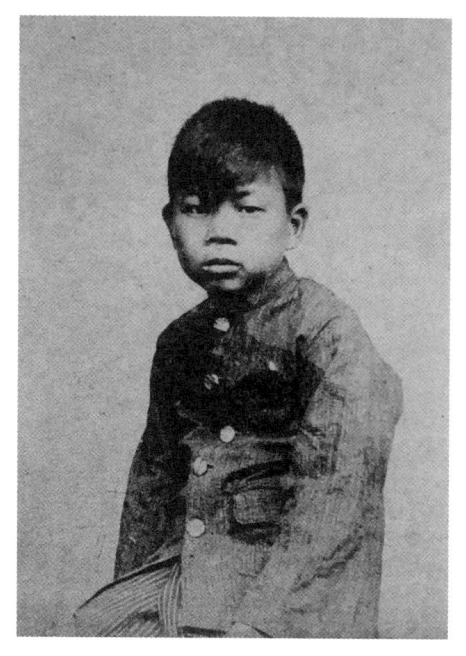

1931年，吴冠中上小学的时候

的，名私立吴氏小学，连父亲三个教员，两个年级合用一个教室上课，学生是一群拖鼻涕的小伙伴。四年毕业后，我考入和桥镇上的鹅山小学高小，住到离家十里的和桥当寄宿生了，小小年纪一切开始自理，这里该是我"个人奋斗"的起点了。一个学期下来，我这个乡下蹩脚私立小学来的穷学生便夺取了全班总分第一名，鹅山又是全县第一名校，这令父母欢喜异常；而我自己，靠考试，靠竞争，也做起了腾飞的梦，这就是父母望子成龙的梦吧。

虚幻的梦，梦的虚幻。高小毕业，该上中学，江南的名牌中学我都敢投考，而且自信有把握，但家里没钱，上不起中学。父亲打听到洛社有所乡村师范，不要费用，四年毕业后当乡村初小的教师，但极难考，因穷学生多。我倒不怕难考，只不愿当初小的教员，不就是我们吴氏小学那样学校的教员吗？！省立无锡师范是名校，毕业后当高小的教员，就如鹅山小

学的老师；但读免费的高中师范之前要读三年需缴费的初中部。家里尽一切努力，砸锅卖铁，让我先读三年初中，我如愿考进了无锡师范。凭优异的成绩，我几乎每学期都获得江苏省教育厅的清寒学生奖学金，奖金数十元，便仿佛公费了，大大减轻了家里的压力。"志气"，或者说"欲望"，随着年龄膨胀。读完初中，我不愿进入师范部了，因同学们自嘲师范生是稀饭生，没前途。我改而投考浙江大学代办省立工业职业学校的电机科，工业救国，出路有保障，但更加难考。我考上了，却不意将被命运之神引入迷茫的星空。

浙大高级工业职业学校读完一年，全国大学和高中一年级生须利用暑假集中军训三个月。我和国立杭州艺专预科的朱德群被编在同一个连队同一个班，从此朝朝暮暮生活在杭州南星桥军营里，年轻人无话不谈。一个星期天，他带我参观他们艺专。我看到了前所未见的图画和雕塑，遭到异样世界的强烈冲击，也许就像婴儿睁眼初见的光景。我开始面对美，美有如此魅力，她轻易就击中了一颗年轻的心，她捕获许多童贞的俘虏，心甘情愿为她奴役的俘虏。十七岁的我拜倒在她的脚下，一头扑向这神异的美之宇宙，完全忘记自己是一个农家穷孩子，为了日后谋生好不容易考进了浙大高工的电机科。

青春期的草木都开花，十七岁的青年感情如野马。野马，不肯归槽；我下决心，甚至拼命，要抛弃电机科，转学入艺专从头开始。朱德群影响了我的终生，是恩是怨，谁来评说。竭力反对的是我的父亲，他听说画家没有出路，他梦幻中的龙消逝了。我最最担心的就是父母的悲伤，然而悲伤竟挽回不了被美诱惑的儿子，一向听话而功课优良的儿子突然变成了浪子。

差异就如男性变成了女性，我到艺专后的学习与已往的学习要求完全不同。因转学换专业损失一年学历，我比德群低了一个年级，他成了我的小先生，课外我俩天天在一起作画，如无艺术，根本就不会有我们的友情。抗战爆发后的1937年冬，杭州艺专奉命内迁，紧要时刻我自己的钱意外丢光，德群的钱由我们两人分用。后来当时的教育部为沦陷区学生每月发放五元贷金，这微薄的贷金保证了我的艺专生活，本来我估计自己在艺专是念不完的，因没有经济来源。

林风眠奉蔡元培之旨在杭州创办的国立艺术院，后改为国立杭州艺术专科学校。我1936年进校时，校里学习很正规，林风眠、吴大羽、蔡威廉、潘天授（后改为"寿"）、刘开渠、李超士、雷圭元等主要教授认真教学，学生们对他们很尊敬，甚至崇拜。中西结合是本校的教学方向，素描和油画是主体课程，同学们尤其热爱印象派及其后的现代西方艺术。喜爱中国传统绘画的学生相对少，虽然潘天寿的作品和人品深得同学尊崇，但有些人仍不爱上国画课，课时也比油画少得多。爱国画的同学往往晚上自己换亮灯泡学习，我和朱德群也总加夜班。图书馆里有很多西洋现代绘画画册，人人借阅，书无闲时，石涛和八大山人的画册也较多，这与潘老师的观点有关。

杭州艺专教学虽认真，但很少对社会展出，有点象牙之塔的情况。日军侵华摧毁了这所宁静的艺术之塔，师生们被迫投入了战乱和抗敌的大洪流。所谓抗敌，师生沿途作宣传画，也曾在昆明义卖作品。更有进步的同学则悄悄去了延安，当时不知他们的去向。撤离杭州后，经诸暨、江西龙虎山、长沙、常德，一直到湖南沅陵停下来，在滨江荒坡上盖木屋上课，其时国立北平艺专从北方迁来，合并为国立艺专。合并后人事纠纷，闹学潮，于是教育部派滕固来任校长，林风眠辞职离去。

后长沙形势紧急，危及沅陵，又迁校。我一直跟着学校，从沅陵迁去昆明。从沅陵到昆明必经贵阳。在贵阳遇上一次特大的轰炸，毁了全城，便匆匆转昆明。在昆明借一小学暂住。在尚未开课之前，我发现翠湖图书馆藏有石涛、八大山人等人的画册，不能外借，便天天带着笔墨到里面去临摹。回忆在沅陵时在校图书馆临摹《南画大成》，警报来了都要上山躲避,其实警报虽多,从未来敌机,因此我请求管理员将我反锁在内,他自己去躲空袭,他同意了,我一人在馆内临摹真自在。昆明开课后,依旧画裸体,只模特儿不易找,我们在教室内不断谈到模特儿,一位模特儿提出抗议:什么木头木头,我们也是人么。我看常书鸿做油画示范,画到细部,他用法国带回的一根黑色的杖架在画框上部以为手的依附,我初次见到这种学院派的作画方式。其时吴大羽也正在昆明,我们恳请滕校长聘回吴老师,但他口是心非,只认为常书鸿便是当今第一流画家。

警报频频,昆明又非久留之地,学校迁至远郊呈贡县安江村上课。安江村很大,有好几个大庙,我们在大庙里用布帘将菩萨一遮,便又画起裸体来。20世纪70年代我到昆明,专访了安江村,村里老人们还记得国立艺专的种种情况,指出滕校长及潘天寿等教授的住址。有一位当年的女模特李嫂尚健在,我画过她,想找她聊聊,可惜当天她外出了。

滕固病逝,教育部委吕凤子任校长,但吕凤子在四川璧山办他的正则学校,因此艺专又迁到璧山去。吕凤子接任后的开学典礼上,他着一大袍,自称凤先生,讲演时总是凤先生说……他谈书法,举起一支大笔,说我这笔吸了墨有二斤重……我听了心里有些反感,感到林风眠的时代远去了。但吕先生却对我很好,他支持创新,赞扬个性,并同意我们的请求聘请远在上海的吴大羽,路费都汇去了,但吴老师因故未能成行,退回了路费。我即将毕业,吕先生欲留我任助教,但暑期时他卸任了,由陈之佛接任校长,吕先生写信将我推荐给陈校长,陈之佛像慈母般亲切,当即同意聘我为助教,我因决定去重庆大学任助教,衷心感谢了他的美意。

在璧山,常见到着红衣的姑娘和儿童,那红色分外亮丽,特别美。突发灵感,我自己应做一件大红袍,天天披在身上,仿佛古代的状元郎。我已是将毕业的高年级学生,我们年级的同学大都爱狂妄,校领导惹不起我们。我向同班一位较富有的女同学借钱,她问我干什么,我说要做件大红袍。她问,是紫红的吗?我说,是朱红的。她笑了,立刻借给我足够的钱。我飞快到布店买了布，立刻进裁缝铺量体裁衣。裁缝师傅惊讶了，男人能穿这样朱红的袍?！他犹豫了，有点难色，不敢做，叫我去别家试试。我说我们下江人（四川人称长江下游上来的人为下江人或脚底下人），男人在家乡都穿红袍，女的只穿绿色，你尽管放心做。好说歹说加上谎言，师傅勉强答应收下了。

等到取衣的日期，我像看成绩单一样早早去取。衣已成，顺利地取回宿舍，速速穿上，同室同学赞不绝口，颇有点羡慕，问共花多少钱，似乎他们也想试试。正是晚饭时候了，大家一同到饭堂，满堂波动起来，欢迎红色英雄的出场，笑声掩盖了批评声，我自己觉得好看，全不在乎谁的褒贬，那借给我钱的女同学也很得意她成功的资助。

走到街上，情况大不相同，行人大都嗤之以鼻，骂太怪异，他们本来就讨厌下江人。一个星期后，训导长找我去谈话，说璧山警报亦多，你这红袍挤在跑警报的人群里，便成了日机的目标，警察必将你抓起来，所以万万穿不得，赶快染掉。我到洗染店将红袍染成黑袍，不知是洗染技术不高明呢还是那朱红色至死挣扎，竟染成了深褐，没有色彩倾向，显得邋遢，我只好穿着那邋遢的袍度过寒冬。

一天到市郊，看到一批朱红的布从高空泻向地面，衬着其后黑色的布群，红布似奔腾的火焰。这是一家染坊，正展晒洗染了的布。染坊能染掉各种颜色，我愿朱红不被他染黑。我为我的红袍哀伤，就在当时写了一首红袍诗祭，可惜没保留底稿，更谈不上发表。红袍只生存一周，见过她的同学们也都天各一方，垂垂老矣，她早已被岁月掩于虚无中。但据说"文革"时有大字报批我这件大红袍，此事怎能流传下来，我颇好奇，哪有电脑能储存。

璧山之后迁到青木关，利用附近松林岗上的一个大碉堡作宿舍，在山下平坡盖一批草房作教室，于是同学们每天爬山下山无数趟，体力消耗大，饭量大，偏偏饭不够吃。避免抢饭，便按桌定量配给。于是男同学拉女同学同桌，以为女的饭量小，其实未必。人饥荒，狗亦饥荒，食堂里总围着不少狗。有位印尼华侨抓来一只小狗，弄死后利用模特儿烤火的炭盆晚上炖狗肉吃，大家吃得高兴，但教室里满是腥臭。翌晨，关良老师来上课，大家真担心，关老师却很谅解，并说广东人大都爱吃狗肉。

我早该毕业了，因中间进了一年国画系，再回西画系便须多补一年，其实没什么可补的，我便到北碚附近的独石桥小学代几个月课，挣点钱。小学共六七个教师，女教师都希望我给画像，我却选了一个有特色的女生给画像，用点彩派法，画得像而美，但她一看，"哇"地叫了，说画了个大麻子！于是谁也不要我画了。当时我笑她们外行，没水平，自己尚未意识到艺术与群众因缘的大问题。1943年，我在青木关毕业了，毕业之后由于同学王挺琦的介绍，到沙坪坝重庆大学建筑系任助教，教素描和水彩，这是我莫大的幸运。因重庆大学和中央大学相邻，我教课之暇便到中央大学旁听文、史课程，主要是法文。我将工作之余所有的时间和精力全部投入学习法文，听大学里高、低各班法文，找个别老师补习，找天主教堂里的法国神父辅导，从旧书摊上买来破旧的法文小说，与各种译本对照着读。每读一页，不断查字典，生字之多，一如当时吃饭时捡不尽的沙子稗子。读法文，目的只一个，战后到法国去勤工俭学，没有钱，过浪子生活，最穷苦的生活，那么首先须通语言。

四年沙坪坝生活中主要是学习法文，并在青年宫办了第一次个展，还认识了朱碧琴，后来她成了我的妻子，今日白头偕老，共同携手于病的晚年。她毕业于国立女子师范学校，任教于中央大学和国立重庆大学附小。我觉得她平凡、善良、很美，而且是我偏爱的一种品位，令我一见钟情。我们间的感情成长缓慢，我们抛掷在鸳鸯路上的时间也不肯过分。但有一天，我向她谈了我的初恋，谈到忽然感悟到她仿佛像我初恋中女主角的形象，是偶合？是我永远着迷于一见倾心？她似乎没有表态。近晚年时，我在香港《明报》月刊发表了《忆初恋》，情之纯真与那远逝的抗战之艰苦都令读者关怀，文章反响甚好，编者更希望我写续篇。大陆的一位编者将此文投《知音》转载，于是读者面扩大了，连初恋者本人及其家属也读到了，其女儿、女婿曾来北京相访。刚进门，其女儿一见朱碧琴，便说：真像我姨。可惜抗战期间我们都无自己的照片，逝者如斯夫，不识自家面貌。我写过一篇《他和她》，详述了我们六十年来共同生活的甘苦。其中谈到我出国留学时没钱买手表，是她犹豫之后将母亲赠她的金手镯卖了换的表。20世纪80年代初我出访印度经曼谷返国，在曼谷跟随同机返国的使馆夫人们去金店选了一个老式手镯，预备还她。最近在龙潭湖公园里，遇到对中老年夫妇礼貌地尊称我"吴老"，我茫然，那位夫人原来是当年在曼谷帮我选手镯者，她大概读到了《他和她》，今在园中白首相遇，能无感慨？她特别要认一认朱碧琴，因我这个美术家夸奖过她美，但谁又能留住自己的青春之美呢？！

朱碧琴决定与我结婚之前，她有一个顾虑。她的一位高班同学是我的同乡，其父是我父的至交，都曾在乡里当过小学校长，因之其父久知我的功课出色等经历。这回战乱时邂逅于重庆，他有心示意其女与我联姻。而我，对艺术之爱是如此任性，在恋爱问题上的选择也是唯情主义，但我对他们父女及全家都甚尊重，且不无歉意。战后，妻到我老家分娩，其时我在巴黎，她那位高班同学还来家祝贺并备了厚礼，我们深感她气量之大。80年代我们住劲松，收到这位心存宽厚的同学的信，她出差住北京弟弟家，想来看望我们。其时没有私人电话，联系不便，我们立即回信欢迎，等她来，并说希望小住两天。信发出，我们天天在家等，但一直音信杳无。她犹豫了？她返东北了？竟不复一字！及许多年后，她病逝了，她弟弟家才发现我们寄去的信仍遗留在抽屉内，她没有读到。

重庆大学的一次全校助教会上，校长张洪沅说：助教不是职业，只是前进道路的中转站，如不前进，便将淘汰。确乎，没有白胡子的助教。助教宿舍行字斋和文字斋每晚熄灯很晚，成为嘉陵江岸上一道夜的风景线。

这两个斋里的居民，战后大都到西方留学了。1946年暑期，教育部选送战后第一批留学生，在全国设九大考区，从北平到昆明，从西安到上海……同日同题考选一百数十名留欧、美公费生，其中居然有留法绘画两个名额。我在重庆考区参试，这对我而言是一次生死搏斗。限额，十四年抗战聚集的考生又众，竞试很严峻。年终发榜，我被录取了，其时我已到南京。教育部通知1947年春在南京教育部中举办留学生讲习班三周，然后办理出国手续。山盟海誓，我与朱碧琴在南京结了婚，我们品尝了洞房花烛夜、金榜题名时的传统欢乐。她很快怀了孕。我去法国，她住到我农村的老家等待分娩，我们分手攀登人生的新高地。她问生下的孩子取什么名，我说男孩叫可雨，女孩叫可叶，她都同意。

2003年

公费留学到巴黎·梦幻与现实·严峻的抉择

1947年夏,我们几十名留学生搭乘美国邮轮"海眼"号漂洋过海。经意大利拿波里,留欧同学登陆换火车。离船时,头、二等舱的外国乘客纷纷给美国服务员小费,几十、上百美元不等,中国留学生急忙开了个会,每人凑几元,集中起来由一代表交给美国人,美国人说不收你们四等舱里中国人的小费。

留拿波里四五日,主要参观了庞贝遗址及博物馆,便乘火车奔巴黎。车过米兰,大站,停的时间较久。我迫不及待偕王熙民叫出租车往返去圣·马利教堂看达·芬奇的《最后的晚餐》,教堂不开放,我们的法语又讲得很勉强,好不容易说明来意请求允许进去看一眼。教士开恩了,让我们见到了那举世闻名的模糊的壁画,教士解释那是被拿破仑的士兵用马粪打犹大打成这样子。匆匆返回车厢,出租车费甚贵,以为人家敲竹杠,不是的,等待的时间也计价,我是生平第一次乘坐出租车。火车很快就启动,万幸没耽误时间。

我们的公费属中法文化交流项目,在法费用由法国外交部按月支付,不富裕。第一天到巴黎被安排在一家旅店里,那房间里卧床之侧及天花板上都镶着大镜子,看着别扭,原来这是以前的妓院改造的旅店,少见多怪。搬过几次旅店,最后我定居于大学城,寄寓比利时馆中。大学城是各国留学生的宿舍,法国提供地面,由各国自己出资建馆。当时的瑞士馆是勒·柯彪西(Le Corbusier)设计的新型建筑,是悬空的,像树上鸟窝。日本馆保持他们的民族风格。中国呢？没有馆。据说当年建馆经费被贪污了，因此中国留学生分散着寄人篱下。

如饥如渴，头几天便跑遍巴黎的博物馆。我们美术学院的学生凭学生证免票，随时过一座桥，便进卢浮宫。那时代参观博物馆的人不多，在卢浮宫有一次只我一人在看断臂（米洛）的维纳斯，一位管理员高傲地挖苦我：在你们国家没有这些珍宝吧！我立即反击，这是希腊的，是被强盗抢走的，你没有到过中国，你去吉美博物馆①看看被强盗抢来的中国珍宝吧。这次，我的法语讲得意外的流利。在国内时，学了法语很想找机会应用，但在巴黎经常遭到歧视，我用法语与人吵，可恨不及人家讲得流畅，我感到不得不用对方的语言与对方争吵的羞耻。我曾千方百计为学法语而怀抱喜悦，而今付出的是羞耻的实践。但咬紧牙关，课余每晚仍去夜校补习口语。

对西方美术，在国内时大致已了解，尤其是印象派及其后的作品令我陶醉，陶醉中夹杂盲目崇拜。因是公费生，我必须进正规学校，即国立巴黎高级美术学校。油画系共四位教授，其中三位都属现代派，只一位最老的杜拜（J.Dupas）属学院派。在国内人们只信写实技巧，对现代艺术所表达的情和美极少人体会。作为职业画家，我们必须掌握写实能

20世纪40年代，吴冠中在法国留学时在卢浮宫前留影

---

①巴黎吉美博物馆，专门收藏陈列东方艺术品。

力，我赶末班车，就选杜拜的教室，摸传统院体派的家底。白发老师严于形与体，他用白纸片贴近模特儿的后面，上下左右移动着白纸，证明浑圆的人体在空间里不存在线。然而有一次他请几位学生到他家看他的作品，我也去了，播放的都是他大壁画的幻灯片，装饰风格的，都离不开线的表现，是体的线化或线化了的体。我不喜欢他的作品，因缺乏激情。他上课从不摆弄模特儿，让大家画呆呆站立着的男、女人体，自然空间，不用任何背景。从锻炼功力看，这确是高难度，但我对非艺术的功力无兴趣。老师对我的评价，说色的才华胜于形的把握，他总和蔼地称我："我的小东西，我的小东西。"但"小东西"决定离开他，投入苏弗尔皮教授（J.M. Souverbie）的怀抱。苏弗尔皮老师观察对象强调感受，像饿虎扑食，咬透捕获物的灵与肉。他将艺术分为两路，说小路艺术娱人，而大路艺术撼人。他看对象或作品亦分两类：美（beau）与漂亮（joli）。如果他说学生的作品"漂亮呵！"便是贬词，要警惕。有一回，课室里的模特儿是身材硕大上身偏高而头偏小的坐着的中年妇女，他先问全班同学：你们面对的对象是什么？大家睁着眼无言以对。他说：我看是巴黎圣母院！他赞许我对色的探索，但认为对局部体面的琐细塑造是无用的，是一种无谓的渲染，叫我去卢浮宫研究波提切利。

　　苏弗尔皮是20世纪四五十年代前后威震巴黎的重要画家，法兰西学院院士，他的作风磅礴而沉重，主题大都是对人性的颂扬，如《母性》——庞大的母亲如泰山，怀抱着厚重的金矿似的孩子；《土地》——坐镇中央的是女娲似的人类之母，耕畜、劳动者们的形象既具古典之端庄，又属永恒的世态；《昼与夜》……我到现代艺术馆、夏伊宫等处找他的展品及壁画，我确乎崇拜他，也是他启发了我对西方艺术品位、造型结构、色彩的力度等等学艺途中最基本的认识。巴黎的博物馆和画廊比比皆是，古今中外的作品铺天盖地，即便不懂法文，看图不识字，凭审美眼力也能各取所需，但若无苏弗尔皮教授的关键性启蒙，我恐自己深入宝山空手回。世事沧桑，80年代后重返巴黎，博物馆里已不见了苏弗尔皮的作品，他的同代人勃拉克依然光照观众，我不禁怅然。感谢一位法国友人送了我一期沙龙展目，封面是苏弗尔皮的作品《母性》，那一期是专门纪念他的，内有他的照片及简短介绍。历史的淘汰无情，而淘汰中又有遗忘后被重新发现的人和事。

　　我没有记日记，先是觉得没工夫，记了日记只是给自己将来看的，后来也就一直没记了，让生命白白流去未留踪影。现在追忆某一天的巴黎学生生活，当然并非天天如此，但基本如此。

　　大学城的宿舍一人一间，约三十来平方米，包括小小卫生间、一床、一桌、一椅、一书架。每层楼设公共淋浴室及煤气灶，可煮咖啡、烤牛排。每晨有老年妇女服务员来打扫，她跪着抹地板，一直抹到床底下，抹得非常干净。干完活她换上整洁的时髦服饰，走在街上谁也辨不出谁是干什么工作的。大食堂容量大，学生们端着铝合金的食盘排队取菜，菜量限在饭票价格六十法郎（旧法郎）之内，如超限或加红酒则另补钱。食堂的饭是最便宜的，质量也可以，我们总尽量赶回来吃，如赶不及，便买条面包、一瓶奶、水果及生牛排，煎牛排五分钟，一顿饭就齐备了。蔬菜少而贵，水果代之，尤其葡萄多，法国人吃葡萄是连皮带籽一起吃，只见葡萄入口，没有东西吐出来，我也学着吃，可以。早点咖啡加新月形面包，吃完便匆匆赶地铁去美术学院上课，走在街上或钻进地铁，所有的人都一样匆匆。油画课室旧而乱，墙上地上画架上到处是颜料，我赶上学校三百周年纪念，我这课室虽古老，显然不到三百年。每天上午画裸女，男模特极少，因人工贵，男劳力缺，而女的求职难。有一次来了个青年女模特，大家赞美她体形美，但三天后她没有再来，后来听说她投塞纳河自杀了。同学中不少外国留学生，美国学生显得很阔气，带着照相机，日本人是没有的，我在街上往往被误认为是越南人或日本人。十二点下课，背着画箱就近在美术学院的学生食堂用餐，价格和质量与大学城差不多。学校下午没有我的课，除了到卢浮宫美术史学校听课，整个下午基本是参观博物馆、大型展览及大大小小的画廊，那么多画廊，每家不断在轮换展品，虽然我天天转，所见仍日日新。再就是书店及塞纳河岸的旧书摊，也吸引我翻个没完没了。晚上到法语学校补习，或到大茅屋画室画人体速写，时间排得紧，看看来不及回大学城晚餐时，便买面包夹巧克力，边跑边吃。大学城晚上常有舞会，我从未参与，没有时间，也因自己根本不会跳舞。晚上回到宿舍约十点多了，再看一小时法文书，多半是美术史之类，那时不失眠，多晚睡也不在乎。

复活节放几天假，一位法国同学约我驾小舟，备个帐篷，顺塞纳河一路写生去。多美的安排！我跟他先到郊外他家乡间别墅住一宿。翌日，他扛个木条帆布构成的小舟，类似海水浴场玩儿用的，到了河岸，将帐篷、毛毯、画箱、罐头、面包塞进小舟，已满满的，他的弟妹和女佣都说危险，但我不敢说，怕他认为中国人胆小。舟至江中，千里江陵一日还，漂流迅速，但这位年轻法国同学感到尚不过瘾，又张起小布帆，舟飞不到一小时，便覆于江中，随波沉浮，我们两人抓住覆舟，犹豫着是否泗水登岸，他先冒险游到了岸，我不能游泳，且西装皮鞋，行动十分困难，江面浩浩百来米，便只能嗷嗷待救。他呼救，四野无人，我不意竟淹死于印象派笔底美丽的塞纳河中，并立即想到口袋中尚有妻和新生儿可雨的照片。当我力尽将沉没之际，终于有一艘大货船经过，船上人用货船尾部携带的小艇将我救上沙岸。同学和我找到最近的村，撞入遇到的第一户人家，同学打了电话，他父亲立即开车将我们接回，这期间主人先给我们烤火，那里的村民真善良。我在同学家乡间别墅住了好几天，有几幅水彩速写就是在那里画的——在我画集里尚可找见。回巴黎后，我在大学城游泳池学游泳，时间少，仍未学会。

每遇暑假，总要到国外参观，首选是意大利。战后欧洲供应困难，在巴黎，凡糖、肉、黄油替代品等等均定量分配，凭票按月购买，仿佛我们的票证时代。我从来不进饭店吃饭，贵，都说蜗牛是法国名菜，我至今没有记住蜗牛的法文名称。去外国旅行，失去了大学城的学生大食堂，又进不起饭店，于是面包夹肠之类的三明治成了我每天的主食，只是总须找个偏僻处吃，躲避人们的眼光。罗马、佛罗伦萨、米兰、威尼斯、拿波里等名城的博物馆及教堂都跑遍了，像乌菲齐美术馆更去过多次。文艺复兴早期壁画分散在一些小城市的教堂中，为看乔托、息马彪等人的壁画，我到过一些偏僻的小城，印象最深的是锡耶纳。我走在锡耶纳的街巷中，遇一妇女，她一见我便大惊失色，呼叫起来。那大概是个节日，乡下人进城的不少，原来这是个偏远乡村妇女，很少进城，更从未见过黄种人。如果中国乡村妇女第一次见到白的或黑的洋人，同样会大惊失色的。地球上多少差异的神秘已消逝，看来还正在消逝中，我们只等待外星人了。

　　在伦敦住了一个月，除看博物馆外，补习英文，在中学时学的英文全忘了，因不用。在伦敦遇到一件小事却像一把尖刀刺入心脏，永远拔不出来。我坐在伦敦红色的双层公共汽车中，售票员胸前挂个皮袋，内装车票和钱币，依次给乘客售票。到我跟前，我用硬币买了票，她撕给我票后，硬币仍捏在手中，便向我邻座的一位"绅士"售票。那"绅士"给的是纸币，须找他钱，售票员顺手将捏在手中的我付的那个硬币找给"绅士"，"绅士"大为生气，不接受，因他明明看到这是中国人出手的钱。售票员于是在皮袋中换另一枚硬币找他。

　　20世纪四五十年代的巴黎大建筑物外表都已发黑，称之为黑色巴黎也合适，后来费大力全洗白了。但瑞士一向显得明亮而洁净，车站售票处的售票员手不摸钱币，用夹子夹钱，其实那些钱看来都还整洁，根本不见国内那种烂票子，"非典"期间，我们对钱币好像没有注意把关。干干净净的瑞士，雪山、绿树、泉水都像人工安排的，艺术意味少。水太清，鱼就不来，这鱼指艺术灵感倒很贴切。

　　我们这些留学生大都不问政治。国内内战日趋激烈，改朝换代的大事岂能不波及每个中国人，我们持的是国民党中华民国的护照，而国民党将被赶出大陆，宋美龄频频飞美国求救，秦庭之哭已徒然。国民党的腐败我们早痛恨，对共产党则无接触，不了解，但共产党在长江中炮打英国军舰的消息真令我们兴奋，受尽歧视的中国留学生渴望祖国的富强。中共派陆璀和区棠亮二位女同志到巴黎参加世界和平大会，大会是露天的，我也去旁听了，在那里见到与会的毕加索。陆、区二位在一家咖啡店里邀请部分留学生叙谈，介绍解放战争的形势和解放区对留学生的政策，希望大家学成归国建设新中国。每个人面临着去、留的选择，其间关键是各人的专业与回国后如何发挥的问题，对生活待遇等等很少人考虑。

到巴黎前，我是打算不回国了，因国内搞美术没有出路，美术界的当权人物观点又极保守，视西方现代艺术如毒蛇猛兽。因之我想在巴黎扬名，飞黄腾达。当时有人劝我不要进学校，不要学生身份，要以画家姿态出现。我想，来日方长，先学透，一面也参展春季、秋季等沙龙，慢慢创造自己独特的风格。看了那么多当代画，未被征服，感到自己怀着胎，可能是异样的中、西结合之胎，但这胎十个月是远远不能成熟的，不渴求早产。我陶醉在五光十色的现代作品中，但我的父老乡亲同胞们都不了解这些艺术，我自己日后创作出来的作品也将与祖国人民绝缘吗？回忆起在独石桥小学给女老师画的那幅麻子像，感到落寞、茫然。可能是怀乡情结，故而特别重视凡·高的书信中语：你是麦子，你的位置在麦田里，种到故乡的土里去，将于此生根发芽，别在巴黎人行道上枯萎掉。似乎感到我将在故土长成大树，在巴黎亦可能开花，但绝非松柏，松柏只卫护故国。当苏弗尔皮教授预备为我签署延长公费时，我吐露了我的想法，他完全同意这观点，并主张上溯到17世纪以前的中国传统。离开巴黎，仍舍不得，但梁园毕竟不是久留之地。矛盾不易解决，或去或留的决定经过多次反复，与熊秉明等研讨无数回，最后我于1950年暑假离开了巴黎，投向吸引海外游子的新中国，自己心目中的新中国，我们这些先行者当时似乎是探险者。这之前一年，我曾给吴大羽老师一封信，倾诉我的心情。大羽师保留了这信，"文革"中此信被抄走，最后得以退还，数年前，感谢大羽师之女崇力给我寄来了复印件。今录下：

羽师：

我试验着更深度的沉默。但是国内紊乱接着紊乱，使我日益关怀着你们的行止和安危。

在欧洲留了一年多以来，我考验了自己，照见了自己。往日的想法完全是糊涂的，在绘艺的学习上，因为自己的寡陋，总有意无意崇拜着西洋。今天，我对西洋现代美术的爱好与崇拜之心念全动摇了。我不愿以我的生命来送一朵花的职业。诚如我师所说：茶酒咖啡尝腻了，便继之以臭水毒药。何况茶酒咖啡尚非祖国人民当前之渴求。如果绘画再只是仅求一点视觉的清快，装点了一角室壁的空虚，它应该更千倍地被人轻视！因为园里的一株绿树，盆里的一朵鲜花，也能给以同样的效果，它有什么伟大崇高的地方？何必糟蹋如许人力物力？我绝不是说要用绘画来作文学的注脚、一个事件的图解。但它应该能够真真切切，一针一滴血、一鞭一道痕地深印当时当地人们的心底，令本来想掉眼泪而掉不下的人们掉下了眼泪。我总觉得只有鲁迅先生一人是在文字里做到了这功能。颜色和声音传递感情，是否不及文字简快易喻？

十年，盲目地，我一步步追，一步步爬，在寻找一个连自己也不太清楚的目标，付出了多少艰苦！一个穷僻农村里的孩子，爬到了这个西洋寻求欢乐的社会的中心地巴黎，到处看、听。一年半来，我知道这个社会、这个人群与我不相干，这些快活发亮的人面于我很隔膜，灯红酒绿的狂舞对我太生疏。我的心，生活在真空里。阴雨于我无妨，因即使美丽的阳光照到我身上，我也感觉不到丝毫温暖。这里的所谓画人制造欢乐，花添到锦上。我一天比一天不愿学这种快乐的伪造术了。为共同生活的人们不懂的语言，不是外国语便是死的语言，我不愿自己的工作与共同生活的人们漠不相关。祖国的苦难、憔悴的人面都伸到我的桌前！我的父母、师友、邻居、成千上万的同胞都在睁着眼睛看我！我一想起自己在学习这类近乎变态性欲发泄的西洋现代艺术，今天这样的一个我，应该更懂得补鞋匠工作的意义，因他的工作尚且与周围的人们发生关联。踏破铁鞋无觅处，艺术的学习不在欧洲，不在巴黎，不在大师们的画室；在祖国，在故乡，在家园，在自己的心底。赶快回去，从头做起。先时，犹如别人的想法，我要在这里学上好几年，三年之内决不回国。觉迷途其未远，今年暑假二年期满我是决定回国了。原已向法政府进行延长第三年的公费手续也中止了。（编者注：后来还是延长至第三年）因为再留下去只是生命的浪费。我的心非常波动，似乎有什么东西将生下来。苦日子已过了半世，再苦的生活也不会在乎了。总得要以我们的生命来铸造出一些什么！无论被驱在祖国的哪一角落，我将爱惜那卑微的一份，步步真诚地做，不会再憧憬于巴黎的画坛了。暑假后即使国内情况更糟，我仍愿回来。火坑大家一齐跳。我似乎尝到了当年鲁迅先生抛弃医学的学习，决心回国从事文艺工作的勇气。……

吴冠中谨上
2月15日

我并非最勇敢的先行者，同学中更有先行人。1949年10月中华人民共和国成立，巴黎学生会立刻挂出了五星红旗，驻法使馆来干涉，扬言要押送我们去台湾，威胁扣发旅费。我们四十名公费生索性全部住进使馆大厅，请愿红旗要挂，路费要发，使馆里乱成一团，请正在出访的陈源教授来劝说，而我们根本瞧不起这位被鲁迅讽为"写闲话的西滢"的陈西滢。

学生胜利了，有些人拿到路费便提前回国了。巴黎的华侨开庆祝大会，使馆的官员们识大局，也起义与会，钱泰成了光杆的国民党末代大使。

1950年暑假，我买了从马赛到香港的法国"马赛曲"号船票，自己提前从巴黎出发，到阿尔（Arle）访凡·高的黄房子及其附近写生过的风物，并在小旅店的小房间住了几宿，那房间的简陋，颇似凡·高作品的原型。接着又到埃克斯访塞尚故居。维多利亚山是塞尚永远的模特儿，我绕山行，移步换形探索老画家的视野与构想。在此遇到同学左景权，便同宿相叙，惜别依依，他是历史学家，左宗棠的后代，当时不回国，至今仍在巴黎，久无联系，垂垂老矣，据说孤寂晚景，令人感伤。

中国学生往返买的都是四等舱。四等舱，肮脏，塞在船头尖顶，风浪来时这里颠得最疯狂，那些吊住上、下床的铁链条摇晃得哐当哐当响。白天，我们都爬上甲板，在甲板上租一把躺椅，舒舒服服躺着看海洋，江山卧游，每经各国码头港口时，泊二三日，均可登岸观光，这样神往的行程，现在当属于豪华旅游了，一般人恐已不易享受到。舟行一月，闲着，我作过一些速写和诗，诗见于《望尽天涯路》。

2003年

故园·炼狱·独木桥

"马赛曲"号去东京，抵香港，我们登陆，住九龙。应邀访李流丹家，他出示他的木刻作品，印象不错，他表现了人民的苦难。在饭店吃到了炒菠菜，味美，在巴黎无炒蔬菜，只有生菜或菜泥。北上，先到广州，无亲切感，因听不懂广东话，如初到外国，反不如在巴黎自由。乘火车去北京报到，路经无锡，下车，宿店。店主见我持护照，西装革履，是外国来的，悄悄问要不要姑娘，我摇头，他加一句：有好的。翌晨，搭去宜兴的轮船，船经家乡码头楝树港，下船，走回家只一华里，这是我少年时代频频往返的老路，路边的树、草和稻，若是有情当相抱。父亲和妻竟没有来接，别人似乎也不相识，我默默回家。途中见小田埂上远处一矮小老人，夹两把雨伞前来，那确是我父亲。他说昨天碧琴抱着可雨也来接过，今天小雨未来，无电话，他们只知就这几天到家，但不知确期，今天听到轮船叫（鸣汽笛）才又赶来接接试试，他有点遗憾昨天碧琴和可雨没有接到我。转眼抵家，妻抱着三岁的可雨被弟妹们围着，都站在门前打谷场上冒着微雨等待远行人的归来。首先他们让可雨给我抱，没有见过面的孩子，他不怕生，高高兴兴投入我怀中。因平时他们经常训练他：爸爸呢？法不（法国）。我的归来对老父、老母、妻及全家都是极大的喜事，但我感觉到父母们心底有黑洞。

是夏天，妻穿着薄薄的衣裤，同一般农村少妇仿佛，但她朴实中不失自己的品位，委屈了她三年，她还是她，她不怨这三年有多苦，似乎站在

巴黎乡村教堂　　96cm×134cm　　1950年　　宣纸·水墨

旧日巴黎　　1950年代

钟楼　　1954年　　速写水彩

扎什伦布寺　　46cm×122cm　　1961年　　三合板·油彩

流水中并未被打湿衣衫。纸包不住火,家里虽不对我说,原来土改降临,我们家被划为地主。十亩之家算地主?有说是父亲当过吴氏宗祠的会计,吴氏宗祠田多,但又不是我家的。我完全不了解地主、富农、贫农等等的界别及后果,只知家里粮食已不够吃,我想将带回的不多美元先买粮食,父亲连连摇手:千万买不得!夜晚,我和妻相叙,她平静地谈解放前后的情况,她因难产而到常州医院全身麻醉用产钳的惊险,家里经济的艰难,父母的可怜,土改的严峻……我们相抱而哭,我暂未谈塞纳河之溺及返国与否的矛盾。她倒说父亲主张我暂不回来,我不禁问:"那你呢?""一切随你。"我只住了几天,便匆匆赴京,报到要紧,估计到了北京将可感受到在巴黎时听到进步派宣扬的新中国新貌。

我是第一次到北京,故宫、老城、狭窄街道上华丽的牌坊,这吻合了我想象中的故国旧貌,所谓传统。街上行人如蚁,一律青、灰衣衫,与黄瓦红墙不属于同一个时代。教育部归国留学生接待处设在西单旧刑部街,我办完报到手续住下后,第一件事是到东安市场买一套蓝布制服,换下西装革履,才可自在地进入人群。

接待处的工作主要是联系分配留学生的工作岗位,等待分配期间安排政治学习及政治报告。各行各业的留学生大都与其本专业系统有联系,有的很快就被聘走了,甚至几处抢。也有没处要的,等久了的便分配到革命大学学习,学习一年政治再看。我是打算回杭州母校,刘开渠老师在当院长,已有人开始为我与他联系,妻也曾表示她愿定居杭州,风光气候均宜人。离巴黎时,有人托我带点东西给滑田友,我找到大雅宝胡同中央美术学院的宿舍滑田友家。不意在院中遇见杭州老同学董希文,他显得十分热情,邀我到他家小叙,问及巴黎艺坛种种情况,最后提出想到我招待所看我的作品,我很欢迎。好像只隔一二天,他真的去了旧刑部街,我出示手头的一捆油画人体,他一幅幅看得很仔细,说想借几幅带回去细看后再送回,当然可以,就由他挑选了带走。大约过了一星期或十来天,他将画送回，并说中央美术学院已决定聘我任教，叫我留在北京，不必回杭州去。当时徐悲鸿任中央美术学院院长，徐一味主张写实，与林风眠兼容甚至偏爱西方现代艺术的观点水火不容，故杭州的学生也与徐系的学生观点相背。因之我对董希文说，徐悲鸿怎能容纳我的观点与作风，董答：老实告诉你，徐先生有政治地位，没有政治质量，今天是党掌握方针和政策，不再是个人当权独揽。董希文一向慎重严谨，他借我的画其实是拿到党委通过决定聘请后才送回的，用心良苦，我就这样进入了中央美术学院。

一经决定留京不返杭州，我立即动身回故乡接碧琴和可雨。我们三人带了简陋的行李坐小船到棟树港赶汽轮去无锡。小船从老家前的埠头起行，父母弟妹们送到船边，是远行，是久别，除了小可雨兴奋，人人感到别是一番滋味在心头。在无锡搭上火车，是夜晚，可雨问，车上有床睡觉吗？我们买的是硬座，幸有一节母子车厢，照顾了碧琴和可雨，可雨美美地睡觉了。碧琴自三年前到我老家后，这是第一回坐火车，也是生平第一回过长江北上，过长江要轮渡，极费时费事。

中央美术学院的宿舍很紧张，一时无空房，我们先租魏家胡同一家四合院的两小间南房，无阳光。购买一张够三人睡的大床、煤球炉、水缸、桌凳……碧琴买菜做饭都带着可雨，我觉得她比子君辛苦。

土改形势愈来愈烈，父亲来信诉苦，他最担心的是几个妹妹渐成大姑娘了，困在村里怎么办，要我设法。我和碧琴商量，

20世纪50年代，吴冠中与他的孩子们

先将大妹妹蘽芳接来北京，再慢慢寻找出路。蘽芳同住在我们的小屋里，可能是借房东家的旧木板架成床，用布帘遮掩，便是她的卧室了。我们正打听任何工厂有否招考练习生之类的广告，抗美援朝保家卫国开始征兵了。参军是美好而光荣的出路，在农村，地主家庭出身的子女对此无缘。我与美院人事处商量，他们很照顾，用学院推荐的名义蘽芳居然参上了军，而且后来被分配学习军医，苦难中等待的妹妹终于遇到了生机，她于是走上将以医为人民服务的人生。

徐悲鸿虽不掌握独聘教师的特权，但他对人处事仍不失解放前的规格，新教师来，他出面请客。董希文陪着我到东授禄街徐家赴宴。除必不可少的礼貌话外，徐先生和我没有共同语言，虽然我们是宜兴同乡，彼此乡音均较重。幸而徐先生请了另一位客人赵望云，他们像是有事商讨，这就缓解了董希文的尴尬。席间，菜肴很新鲜，女主人廖静文指着清蒸鱼介绍：这是松花江的白鱼，刚送来的。此后，我很少见到徐院长，我到院只在自己的课室里与同学交流。我教的是一年级某班的素描，一年级一百多学生，是全院实力最强的重点班，学生中今日知名者如靳尚谊、詹建俊、朱乃正、闻立鹏、蔡亮、刘勃舒、邵晶坤、权正环、赵友萍、张德蒂、张守义等等，这一百多学生分成七个班，教师分别是董希文、艾中信、蒋兆和、李宗津、李斛、韦启美和我。我觉得同学们作画小处着眼，画得碎，只描物之形，不识造型之体面与结构，尤其面对石膏像，无情无义，一味理性地"写实"。我竭力赋予大刀阔斧，引发各人的敏感，鼓励差异，甚至错觉，这其实是将苏弗尔皮的观点咀嚼后再喂给孩子们。同学们觉得我讲得新颖，可能还不甚理解，但也试着转换观察角度和表现方式。其中有的同学并不接受，明显的如蔡亮，当我要去参观土改，派董希文来代课时，蔡亮特别高兴。同学们认为蔡亮是这班最出色的尖子，但我觉得他的作业缺乏灵气，倒表扬汪志杰感觉好，后来我被戴上天才教育的帽子。一位刘姓同学画得好，他却要参军，我很惋惜，劝他不去。荒谬，这样的教师早晚该被赶出课堂。

我从巴黎带回三铁箱画册,每次上课给同学们看一二本,他们兴奋极了,难得看到这么印刷精美的名画。结合名作,我讲解绘画的多样性,尤其重要的是古今观念的转变,扩大他们的眼界。令我惊讶的是,他们从未听说过波提切利、郁特里罗和莫蒂里安尼等名家。有同学提出,有列宾的画册吗?没有,不仅没有,我也未听说过列宾之名。课后我问董希文,列宾是谁,董说这是俄罗斯19世纪大画家,是今日国内最推崇的大师。我回家翻法文美术史,翻到19世纪的俄罗斯,是有列宾之名,但只短短几行文字介绍。几个月后,我在王府井外文书店偶然碰见一份法文的《法兰西文艺报》,这报我在巴黎时常看,必看的。虽是过期报纸,我也买了,好了解巴黎艺坛近况。打开报纸,头版头条,整版图文介绍列宾,作者是进步诗人阿拉贡(Aragon)。我迫不及待在书店门口便先粗略浏览,开头第一句:提起列宾,我们法国画家谁也不知道他是谁。原来法国画家和我一样孤陋寡闻。

我被编入高校教师土改参观团,团长是南开大学历史系主任郑天挺,团员有清华大学土木系主任张维,北大历史系杨人楩教授,美术学院王式廓、冯法祀及我等等,地点是湖南一带。我读过孙中山的民权主义,了解他主张平均地权及耕者有其田,但没有读过马列主义,不了解阶级斗争的实质内涵。这回在土改中才知道地主、富农、贫农的界别,怎样划分阶级。看到各种斗地主的场面,被剥削的农民气愤时不免动手打地主,政策上不许打,打了,这叫"偏差","偏差"和"照顾"是我经常听到的新名词。地主和地主不一样,有的残暴,有的看来善良,甚至可怜相,但剥削是他们的共性,而他们往往并不认识自己是剥削者。他们还有另一个共性:吝啬。有一家地主将银子铸成一大个整块,藏在地窖里,每有银子便都烧熔了浇进去,子孙也不易偷窃花费,巴尔扎克笔下葛朗台家也没有这么大块的"不动产"吧。剥削制将被消灭,愚昧与落后可厌,物不尽其用,阻止了社会发展。西方资产阶级利用一切物力创造新事物,中国的地主阶级使社会倒退。分到了田的农民欢天喜地。接着动员参军,抗美援朝,保家卫国。成分好的农民,分到了地的农民,这些红光满面的青年农民戴着大红花气昂昂地去保家卫国了,保卫真正是属于自己的家园。参观大风大浪的社会改革,是教育我们这些旧社会来的知识分子认识当前的形势,便于自己的工作配合国家前进的方向,王式廓就在这次土改参观返京后,创作了反映土改斗争场面的《血衣》。

返国途中,我在船上经常考虑创作题材。我构思过一幅《渡船》,渡船上集中了老乡们:白发老伯、缺牙大婶、黄毛丫头、猪、鸡、菜筐、扁担纵横,苦难挤着苦难,同舟共济,都是我的父老乡亲,被早晨的阳光照射着,他们在笑。或者风雨黄昏,几把黄布雨伞遮不住畏缩的人们。我从幼年到少年、青年,外出和回家,必经这渡船,这渡船美,这美是立体的,它积淀了几代人的肖像和背影。另一幅《送葬》,祠堂的大白墙前一群白衣人送葬,白衣白墙间凸出一口黑棺材,代代苦难,永远的苦难凝固在这黑色的棺材上、棺材中。还有几幅。但参观土改后,看了今天的农村现状,政治斗争的火热,这些构思中的作品便不能诞生,成为死胎,胎死腹中的母亲永远感到难言的沉痛。

在北京街头遇到一位北方农民,一身靛蓝衣服,形象特别好,入画,便出钱请到我家。其时我已搬入美院大雅宝胡同宿舍,我将最大的一间开了天窗,作画室,但夏天日晒热得不得了,妻忍着,未吐怨言。我将这位北方老乡画在南方农家小屋里,给他戴上大红花,一个孩子伏在他身上,题目是《爸爸的胸花》,这是看到土改后农村参军的启示吧。但我的画反映不好,被认为是形式主义的,改来改去都不行。后来又试画别的题材,总说是丑化了工农兵,如果苏弗尔皮老师看到这些画,他大概会说:哼,漂亮呵!我夹在东西方中找不到路,与领导及群众隔着河,找不到桥,连独木小桥也没有。妻怀了第二个孩子,我们到处找打胎的,有人介绍有个日本医生肯做，找到他的诊所，已被封门了。当妻躺在床上闹阵痛时，我正在画布前拼搏，没有放下画笔到床前安慰她，我无法掩饰自己的自私。然而，画仍遭排斥。逼上梁山，改行作风景画的念头开始萌芽了。

回国后，我一直没给秉明写信，他等我总无音信，石沉大海，但聪明的他是读得懂无字碑的。我终于给他写了一短简：我们此生已不可能再见，连纸上的长谈也无可能，人生短，艺术长，由我们的作品日后相互倾诉吧！

搬进美院宿舍，住处略微宽了些，又送走了妹妹，我们预备接父母来京住一时期。但父亲被划为地主，根本不许他离开家门。好不容易母亲被批准到了北京，我们陪她各处参观，她对皇帝家（故宫）最感兴趣。但她住不惯北京，用水不便，远不如在家到小河洗刷自由。20世纪50年代，北京的风沙令南方人难以忍受，她勉强住了一时期，坚决要求回去了，明知回去面对的是灾难。我的月薪是七百斤小米，维持三口之家已不易，还必须支援饥饿线上的父母妹妹们，我寄的钱真是杯水车薪，救不了望子成龙的老两口，而他们最发愁的还是妹妹们。妻设法工作。她找到大佛寺小学重操旧业，买了一辆旧自行车，每天往返于家和学校间，家里找保姆，做饭、带可雨。晚上，碧琴带回一大堆作业批改，而我正迷失于艺术的苦海中，心情郁闷，显然这不属于幸福的家庭。第二个孩子有宏出生后，我们真是手足无措了，请母亲再来北京将幼儿带回老家托给一位乡间奶妈抚养。

我在美院教了两年，前后两个班，第二个班上的李克瑜、王恤珠、尹戎生等等还记得分明。刚教了二年，开始文艺整风，整资产阶级文艺思想，落实到美术学院，便是整形式主义。有一个干部班，学员都是各地普及美术工作而立场坚定的优秀党员，有一位学员在图书馆看到了印象派的作品，大为惊喜，说这才是彻彻底底的艺术，当然他遭到了批判。但印象派像瘟疫一样传染开来，整风是及时的了。我曾经给同学们看过远比印象派毒素更烈的现代作品，我原意是将采来的果实倒筐般倒个满地，让比我更年轻的同学们自由选取。在整风中我成了放毒者，整风小组会中不断有人递给我条子，都是学生们状告我放毒的言行，大都批我是资产阶级文艺观，是形式主义。更直截了当的，要我学了无产阶级的艺术再来教。当然条子都是匿名的，上课时学生对我都很热情，对我所谈很感兴趣。怎么忽然转了一百八十度？有一次全院教师大会，是集中各小组整风情况的总结，党委领导王朝闻就方针政策讲了话，徐悲鸿也讲了话，徐讲得比较具体，很激动，说自然主义是懒汉，应打倒，而形式主义是恶棍，必须消灭。我非常孤立，只滑田友在无人处拍拍我臂膀：我保护你。其实他自己是泥菩萨，未必过得了河。

整风后不久，人事科长丁井文一个电话打到大雅宝胡同宿舍，通知我清华大学建筑系聘我去教课，让我办理调职手续，手续简便之极。到清华后住在北院六号，北院原是朱自清等名教授的住宅，很讲究，但年久失修，已十分破旧，属清华次等宿舍了。比之大雅宝胡同则显得阔气，跟去的保姆恭喜我升官了，她便提出要加工资。妻已生了第三个孩子，命名乙丁，其时批我的个人英雄主义，还是当个普通一丁好。据清华的人说，他们到美院遇到丁井文，丁曾问到，吴冠中仍是"老子天下第一"吗？去年在清华美术学院新楼设计图的评选会中，吴良镛向清华美院新领导及评委们说：我透露一个秘密，当年到美院调吴先生（即我）是我去点的将。因美院以教员互调的条件要调清华的李宗津和李斛到美院专任，吴良镛知我在重庆大学建筑系任过四年助教，建筑设计要讲形式，不怕"形式主义"，而美院正愿送瘟神，谈判正合拍，我披上昭君之装出塞了。

我说出塞，是出了文艺圈子。离开了美院这个擂台，这个"左"的比武场，在清华感到心情舒畅多了，教课之余，在无干扰中探寻自己的独木桥。教课并不费劲，教素描和水彩。已往只重视油画，瞧不起水彩，为了教好课，便在水彩上下了功夫，我将水彩与已往学过的水墨结合，颇受好评，群众最先是从水彩认识我的，我被认为是一个水彩画家。建筑师必须掌握画树的能力，我便在树上钻研，我爱上了树，她是人，尤其冬天落了叶的树，如裸体之人，并具喜怒哀乐生态。郭熙、李唐、倪瓒们的树严谨，富人情味，西方画家少有达此高度者。用素描或水墨表现树可达淋漓尽致，但黏糊糊的油彩难刻画树的枝杈之精微。风景画中如树不精彩，等于人物构图中的人物蹩脚。任何工具都有优点和局限，工具和技法永远是思想感情的奴才，作者使用它们，虐待它们。从古希腊的陶罐到马蒂斯的油画，都在浓厚底色上用工具刮出流畅的线条，这予我启发。我在浓厚的油画底色上用调刀刮出底色的线，在很粗的线状素底上再镶以色彩，这色便不致和底色混成糊涂一团。如画树梢，用刀尖，可刮出缠绵曲折的亮线，无须再染色，我常用这手法表现丛林及弯弯曲曲的细枝，油画笔极难达到这种效果。

当时几乎没有人画风景，认为不能为政治服务，不务正业，甚至会遭到批判。后来文艺界领导人周扬说风景画无害，有益无害。无害论一出，我感到放心，可以继续探索前进，至于不鼓励，不发表，都与我无关，与艺术无关，我只需一条羊肠小道，途中有独木桥，让我奔向自己的目标，那里是天堂，是地狱，谁知！建筑系像一把伞，庇护了我这个风雨独行人。

我废寝忘食地工作令妻不满，说教课已不成问题，何苦再这样辛劳。其时她已调在清华附小任教，工作仍忙，乙丁尚躺在摇篮里，须人照料，保姆有点顾不过来。有宏已断奶，能独力行走，于是母亲再度进京，送回有宏，照料乙丁。因住房有了改进，生活较方便，母亲这回住得较久，并从老家找来一个远亲当保姆，家里的生活安排较妥，只是更穷，孩子多了，负担加重，我们曾领过多子女津贴，甚内疚。碧琴与我结婚前，他父亲反对，只一个理由，艺术家将来都穷，碧琴勇敢地嫁了我，今日品尝她不听父亲当年劝告的苦果。

我觉得建筑系的学生审美水平较高，一是文化水平较高，能看外文杂志，再是设计中离不开形式的推敲，同他们谈点、线、面构成，谈节奏呼应，实际已跨入抽象美领域，也正是他们专业的课题。故我有些建筑师朋友往往比一般画家同事更相知，向他们学了不少东西。学习绘画，必然涉及造型，涉及雕塑与建筑，巴黎的建筑系就设在美术学院中，我天天看到建筑系学生们扛着裱着设计图的大板在院内出出进进。清华大学建筑系有一次讨论绘画，教师们都展出作品，梁思成和林徽因也展出作品参加讨论，梁思成展的是水彩罗马古建筑，好像是斗兽场，林徽因的作品也是水彩，带点印象派的效果。她身体很弱，仍谈了关于色彩的问题，结合舞台设计，她说大幕要沉着，宜用暗红，内幕可用粉红，好比新娘子的内外服装配套。梁思成留给我一个最难忘的举动，那是他讲中国建筑史的第一堂课，我在旁听，未开讲前他从上衣口袋摸出一个小红本高高举给大家看，得意地说："这是工会会员证，我是工人阶级了！"那年月，知识分子入工会标志一个大转变，不容易。

北京师范大学有个最不起眼的系，图画制图系，系主任是卫天霖。卫天霖是油画家，早年留学日本，作品受印象派影响而融进民间色彩，华丽绚烂，质朴厚重。印象派捕捉瞬间，作画迅速，而卫天霖作一幅画往往需累月之工。随着教育形势的发展，图画制图系改为美术系，于是须加聘绘画教师。教研室主任张安治竭力希望调我，劝我回归文艺领域。我与卫老素不相识，与张也只在伦敦和巴黎有过几次过从，并非老友或知己。因当时"双百"方针的气氛已渐浓，我很快被调去了，李瑞年比我早一步也从美院调到了师大美术系，我们又同事了。形势发展喜人，师大的美术系和音乐系独立成艺术师范学院，后又改为北京艺术学院，并增加了戏剧系，聘焦菊隐兼任教授，但我竟未有机会与焦先生相叙，感谢他在沙坪坝时辅导我法文之恩。卫天霖任副院长，主管美术系，他全身心投入教学工作。解放前，卫老支持共产党的地下工作者，他家曾作过地下工作者的联络处，最后他携家带眷直接去了解放区，任教于华北大学。但美术方面的领导们认为他是印象派，属资产阶级，并不重用他。解放后，主要的党员画家们进北京接收，进入美术学院，而卫天霖被安排到师大这个不起眼的图画制图系。今成立艺术学院，卫老有用武之地了，我深深感到他办好学院的决心和热忱。他对徐悲鸿体系的师生有戒心，因他是被排斥者。我是张安治介绍去的，张安治曾是徐的学生，因对张有点戒心，也就戒心我是否是张的羽翼，惊弓之鸟，在旧社会他历尽人际倾轧。共同工作半年后，卫老认识到我并非谁的羽翼，而且学术观点与他相近，他从信任到宠爱我，引为心腹，力劝我任绘画教研室主任，又将我妻从清华附小调来美术系任资料员，在极困难的条件下解决我们的住房。反右前他有职有权，聘教员的大事往往交我定夺，我推荐的，他不须考核。士为知己者死，何况办好艺术学院是彼此的共同心愿，我视卫老为长辈、老师，竭尽忠诚。美术学院如强邻压境，促进了艺术学院的师生们团结一致，多难兴邦。

鉴于美术学院一花独放，卫老、李瑞年、张安治和我一致主张多样化，聘请了罗尔纯、吴静波、邵晶坤、俞致贞、白雪石、高冠华……反右后，政治挂帅，卫老也就没有决定聘任教员的权力，改由党内专家赵域掌握教学方向，阿老、彦涵、张松鹤等均调来了，教师阵容日益强大。艺术学院办了八年，后期成绩蒸蒸日上，渐引起社会关注，我们心底都有与美院分庭抗礼的追求，但突然，她夭折了。文化部以我们的音乐系为基础成立中国音乐学院，戏剧系并入戏剧学院，美术系分别并入美术学院和中央工艺美术学院，留下的及附中教师到师院成立美术系。在撤销艺术学院的大会上，苏灵扬院长虽在台上鼓励大家向前看，但台下师生多半泣不成声，我没有敢看卫老，这位最辛劳的创业者谅必欲哭无泪。母校的消逝，毕业生们将品尝孤儿的滋味。卫老、阿老、俞致贞、张秋海、陈缘督及我调至中央工艺美术学院，嫁鸡随鸡，我们将为工艺专业服务。

在艺术学院这八年，我面对人体，教油画专业，竭力捏塑我心目中的艺术青年，发挥在美院遭批判的观点，更进一步谈形色美，谈油画民族化。我带油画专业的学生至故宫看国画，用西方的构成法则分析讲解虚谷、八大、金农、石涛、渐江……的造型特色。在教研组教师进修会上，我从荣宝斋借来高级水印周昉的《簪花仕女图》，请国画和油画教师从各自的观点来品评，分析作品的优缺点，希望引出争论，可惜争论不起来。

  在自己班上，我给学生看西方画册，讲艺术品位、激情，甚至错觉。同学们非常兴奋，但不让外班同学旁听，画册也只限本班看，怕扩散影响大了，会出严重后果。不讲真谛，于心有愧，误人子弟，虽然我明知普罗米修斯的命运。终于我误人子弟了。我偏爱班上学生李付元，他色感好，作品品位不错，我总是鼓励他勇猛前进，心有灵犀，他确有自己的好恶，不迁就。毕业创作了，李付元的构思是画易水送别，白衣丧服，黑的马车，最初的小稿中黑与白营造了壮士一去兮不复还的悲剧气氛。但不行，刺秦皇这样的历史题材绝对通不过，终于被扼死在摇篮里，李付元很难找到他想画的新题材，审稿日期又步步逼近。最后他画了两头大黑牛，背景是农家院，血红的辣椒之类什物，画面以形的量感与色的对照凸现形式美。这画他曾画过，并被选入北京市美展，现在时间紧迫，便在这基础上放大重画作为毕业创作。我作为主导教师，觉得效果不错，评了5分（当时学苏联的5分制，5分是最高）。但党领导认为这样无主题的牛不能作为毕业创作，决定由系里组织评委会集体投票评分，结果《牛》只得了2分，不及格。李付元因此不能毕业，最后以让他补修半年的方式结束了事件。

  在艺术学院除带领学生外出体验生活、写生实习外，教师每年有创作假，加上寒暑假，所以我每学期总有外出写生的机会。20世纪50年代，好像还没有画家去井冈山，我摸石头过河，探听着交通上了井冈山。我爱崇山峻岭、茂林修竹，井冈山是革命圣地，今画革命圣地的峻岭与修竹，当非一般风景，便名正言顺大大方方去画了。到达心脏茨坪已颇费力，而各大哨口尚很遥远，且只能步行，别无交通工具。我背着画箱、画架、两块三合板、水壶、干粮、油布（南方随时下雨）、雨伞上路，类似一个运货人。油画画在三合板上，干不了，用同一尺寸的另一块板盖上，四周用隔离钉隔开，画面与盖板不接触，所以每次必须带两块板。油布是大张的，作画中遇阵雨，用以遮画面防雨，我的身体便是撑开油布的支柱。而且，完成了的画与盖板钉合后，四周是宽缝，须防灰沙或雨点进入，大油布将其全部包严，并用带子捆牢，夹在画架上提着才能稳走数十里山路。有一次在双马石写生，四野森森，羊肠小道无行人，有点担心猛兽来袭。有响声，一老人提着空口袋前来看我干什么，我刚开始，画面尚无形，老人看一眼就走了，赶他的路。下午四点来钟，老人背着满满一袋什物从茨坪方向回来了，他又来看画，这回松、石、山等风光一目了然，他喜形于色。忽然，他放下口袋，从中摸出一块灰褐色的东西让我吃，那是白薯干，他看我站着画了一天，谅来无处吃饭，其实我带了干粮，工作中吃不下，要到回去的路途中才能吃。老乡之情感人，但我们语言不通，心有灵犀，我出示自己的干粮，谢了他的赠品。日未出而作，日已入尚不能息，因每作一幅画须赶数十里山路，故天天摸黑出门，摸黑回招待所。最远的一个点是朱砂冲哨口，当天绝不可能回来，便先住到中途一个农家，翌日一早赶去哨口。哨口虽是军事险境，并不入画，倒是途中峭壁、急流，郁郁葱葱，入画处不少。

在井冈山共作了十余幅风景，加上瑞金所作，都是革命圣地，人民美术出版社为此出版了一套革命圣地风景画明信片，有些刊物也发表了几幅，较常见的是《井冈山杜鹃花》那幅。井冈山管理处（今日之井冈山博物馆）派人来京找我，希望我复制这套风景画赠他们馆里陈列。

我乐意，复制了，他们取走作品，回赠了几个竹制笔筒。许多年后，我翻看这批尝试油画民族化的作品，觉得太幼稚，便全部毁掉了，只个别的已送了人。再后来，我的作品竟成为市场宠儿，值钱了，我在一些拍卖目录中陆续发现井冈山博物馆那套油画被出卖。70年代我再上井冈山，已有公路通各哨口，我在哨口附近作画，下午没有赶上返茨坪的末班车，慢慢步行返回，恐须夜半十二点才能到达，一路留心过路车，拦住一辆载木头的卡车，但车上木头堆得高高的，无法加人，只好挤进驾驶舱，但未干的油画未及包装，没法安置，便伸臂窗外捏着那张画坏了的画——"病儿"，"病儿"不能丢。这样捏着奔驰四五十分钟，抵茨坪时手与臂全麻木了，再看画，很蹩脚，不是滋味。我探问50年代赠画的下落，无人说得清，推说人员都调动了。90年代全国政协组团视察京九路，中途宿井冈山，我以政协常委的身份询问博物馆领导关于那十几幅油画的下落，他先说大概只剩一二幅了，我要看，他们寻找后答复说一幅也没有了，也说人员都调动了，只能向我道歉。

1960年暑假，我要自费去海南岛作画，妻有难色，因家中经济实在困难。我写了一本小册子介绍波提切利，寄上海某出版社，一直等稿费，想用这稿费去海南岛，但却被退稿了。假期不可失，我还是去了海南岛。到兴隆农场招待所，所里一看我的介绍信是北京艺术学院副教授，便安排我住最高级的房间，我看那些讲究的沙发衣柜之类，怎能住得起，便说我作油画，油色会弄脏房间，只需住职工宿舍，最后总算住入上下双人铺的房间，每天几角钱，住一月也不担忧。我钻进椰子林作画，奇热无比，连油色的锡管都烫手。忘了在何处，林中小虫特多，咬得紧，着长裤、长袖衬衣，且将袖口和衣领都包得严严实实，但回到宿店才知满身都是红块块，奇痒难忍。店主颇可怜我，说：氓！氓！我听不懂广东话，她用笔写，原来是蚊。我的写生架是从法国带回的50年代的木质制品，多功能，极方便，其中两个铜钩长二寸余，缺一不可，我对画架上的任何零件倍加注意，像战士爱护自己的枪。但有一天晚上解开画架与作品时，却发现丢失了一个铜钩，这对我几乎是五雷轰顶，因从此无法工作。一夜难眠，翌晨顺着昨天作画后的路线一路仔细寻找，在一望无际的青绿大海中捞针，或只是抚痛的招魂。许是感动了苍天，那铜钩上染有红色，万绿丛中一点红，居然给我找回了这远比珠宝珍贵的铜钩，我捧起有着颜料和朝露的铜钩吻了又吻。这样辛苦月余作来的画我自然很珍惜，但广东返北京的火车很挤，虽是起站，什物架上早已堆得满满的，我有一包画是用隔离钉隔开的，中空，压不得，无可奈何，只好安置在我自己的座位上，我自己站着——也许中途有人下车会有空位，然而竟没有，站到北京，双腿肿了，作品平安到家。

西藏平叛后，为了反映平叛后西藏的和平美好，美协组织画家入藏写生，首选是董希文，董希文不忘旧谊，推荐我同行，我甚喜，如得彩票。我们一行三人（后又增加了邵晶坤）先坐火车到兰州，然后乘公共汽车经格尔木去拉萨。经唐古拉山，海拔五六千公尺，氧气稀薄，心脏弱者过不了关，需备氧气。坐长途汽车、远洋海轮，我从无反应，至此，汽车行驶时尚无感觉，停车脚踏土地，便感头晕恶心，有人难受得哭了，泪珠落地成冰，这冰珠千年万世永不消融。早晨，汽车水箱冻了打不着火，用木柴烧烤一个多小时才能开车，因此司机不愿歇夜，通宵地连日地赶，眼睛熬得满是血丝，所以总要配两个司机。到了拉萨，配给我们专车，很阔气。在西藏约四五个月，我们先分工分路找题材。我主要画风景，目标康藏公路的扎木，道路极难走，多塌方及泥石流。一路住兵站，也只能住兵站，兵站的解放军十分热情。有一处兵站我忘记了地名，将到此站前风景别具魅力，雪山、飞瀑、高树、野花，构成新颖奇特之画境。抵站后我立即与一路陪护我的青年解放军商定，明天大早先去画今日途中所见之景。翌晨，提前吃早饭，青年战士和我分背着画箱什物上路，因海拔高，缺氧，步履有些吃力，何况是曲曲弯弯的山路。我心切，走得快，但总不见昨日之景，汽车不过二十来分钟，我们走了四个小时才约略感到近乎昨日所见之方位，反复比较，我恍然大悟：是速度改变了空间，不同方位和地点的雪山、飞瀑、高树、野花等等被速度搬动，在我的错觉中构成异常的景象。从此，我经常运用这移花接木与移山倒海的组织法创作画面，最明显的例子如70年代的《桂林山村》。藏民很美，造型之美，即便脸上涂了血色，仍美，我在西藏画了不少藏民。但西藏作品中最有新颖感的是扎什伦布寺，这扎什伦布寺也属于移花接木之产品，主要是对山、庙、树木、喇嘛等对象的远近与左右间的安置做了极大的调度。我着力构思构图的创意，而具体物象之表现则仍追求真实感，为此，我经常的创作方式是现场搬家写生。

中学时代，我爱好文学，当代作家中尤其崇拜鲁迅，我想从事文学，追踪他的人生道路。但不可能，因文学家要饿饭，为了来日生计，我只能走"正"道学工程。爱，有多大的魅力！她甚至操纵生死。爱文学而失恋，后来这恋情悄悄转入了美术。但文学，尤其是鲁迅的作品，影响我的终生。鲁迅笔下的人物，都是我最熟悉的故乡人，但在今天的形势下，我的艺术观和造型追求已不可能在人物中体现。我想起鲁迅的《故乡》，他回到相隔两千余里、别了二十余年的故乡去，见到的却是苍黄的天底下的萧条的江南村落。我想我可以从故乡的风光入手，于此我有较大的空间，感情的、思维的及形式的空间。我坚定了从江南故乡的小桥步入自己未知的造型世界。60年代起，我不断往绍兴跑，绍兴和宜兴非常类似，但比宜兴更入画，离鲁迅更近。我第一次到绍兴时，找不到招待所，被安置在鲁迅故居里，夜，寂无人声，我想听到鲁迅的咳嗽！走遍了市区和郊区的大街小巷，又坐船去安桥头、皇甫庄，爬上那演社戏的戏台。白墙黛瓦、小桥流水、湖泊池塘，水乡水乡，白亮亮的水多。黑、白、灰是江南主调，也是我自己作品银灰主调的基石，我艺术道路的起步。而苏联专家说，江南不适宜作油画。银灰调多呈现于阴天，我最爱江南的春阴，我画面中基本排斥阳光与投影，若表现晴日的光亮，也像是朵云遮日那瞬间。我一辈子断断续续总在画江南，在众多江南题材的作品中，甚至在我的全部作品中，我认为最突出、最具代表性的是《双燕》。

80年代初我任教工艺美院期间，带领学生到苏州甪直写生实习，我的研究生钟蜀珩同行，边教边学，协助我辅导。在苏州留园，学生们在太湖石中联系到人体的结构与运动，在不起眼的墙上爬山虎中提炼出感人的画面，确是领悟了我对造型观察的启示，并发展了我的思路，又予我启示。往往，前班同学的实践收获，丰富了我对后班同学的教学。钟蜀珩先忙于辅导，抽空才自己作画，有一次傍晚静园时，人们没有发现躲在僻处的她，她被锁在了园中，最后当她转了一个小时还找不到出路，爬到假山高处呼喊，才救出了自己。后来她对我说，当只她一人在园里东寻西找时，才真正体会到了园林设计之美。我们在教学中，重于培养慧眼，轻于训练技术，尤其反对灌输技术，技为下，艺为上。眼睛是手的老师，"眼高手低"不应是贬词，手技随眼力之高低而千变万化。在苏州上完课，学生们返京去了，钟蜀珩随我去舟山群岛写生，没有课务，我们自由作画，疯狂作画，我不考虑钟蜀珩能否跟上我近乎废寝忘食的步伐，她却跟上了。她着蓝衣男装，一身颜料斑斑，显得邋遢，黑黑的脸被草帽半掩，路人大概不辨是男是女。一次，我们一同在普陀海滨作画，我照例不吃中饭。不知钟蜀珩自己饿了还是为了保护我的健康，去附近买来几个包子叫我吃，她说看朱先生（我妻）的面上吃了吧，否则只好抛入海里了，我吃了，但还是感到损失了要紧时刻。无论多大太阳，即便在西双版纳的烈日下写生，我从不戴草帽，习惯了，钟蜀珩见我额头一道道白色皱纹颇有感触，那是写生中不时皱眉，太阳射不进皱纹的必然结果。我们离开舟山回宁波，到宁波火车站，离开车尚有富余时间，我们便到附近观察，我被浜河几家民居吸引，激动了，匆匆画速写，钟蜀珩看看将近开车时间，催我急急奔回车站，路人见我们一男一女一老一少在猛追，以为出了什么事故，我们踏进车厢，车也就慢慢启动了。这民居，就是《双燕》的母体，谅来这母体存活不会太久了。

《双燕》着力于平面分割，几何形组合，横向的长线及白块与纵向的短黑块之间形成强对照。蒙德里安（Mondrien）画面的几何组合追求简

故乡之晨　　62cm×46cm　　1960年　　三合板·油彩

北京团城　　34cm×26cm　　1963年　　纸板·油彩

富春江之晨　　61cm×46cm　　1963年　　三合板・油彩

南瓜　　61cm×46cm　　1972年

约、单纯之美，但其情意之透露过于含糊，甚至等于零。《双燕》明确地表达了东方情思，即使双燕飞去，乡情依然。横与直、黑与白的对比美在《双燕》中获得成功后，便成为长留我心头的艺术眼目。如1988年的《秋瑾故居》（画外话：忠魂何处，故居似黑漆棺材，燕语生生明如剪），再至1996年，作《忆江南》，只剩了几条横线与几个黑点（往事渐杳，双燕飞了），都属《双燕》的嫡系。

专家鼓掌，群众点头。我意识到自己有这样的意向，后来归纳为风筝不断线。风筝，指作品，作品无灵气，像扎了只放不上天空的废物。风筝放得愈高愈有意思，但不能断线，这线，指千里姻缘一线牵之线，线的另一端联系的是启发作品灵感的母体，亦即人民大众之情意。我作过一幅《狮子林》，画面五分之四以上的面积表现的是石头，亦即点、线、面之抽象构成，是抽象画。我在石群之下边引入水与游鱼，石群高处嵌入廊与亭，一目了然，便是园林了。但将观众引入园林后，他们迷失于抽象世界，愿他们步入抽象美的欣赏领域。这近乎我的惯用手法。苏州拙政园里的文徵明手植紫藤，苏州郊外光复镇的汉柏（所谓清、奇、古、怪），均缠绵曲折，吸引我

吴冠中速写《春风》

多次写生，可说是我走向《情结》《春如线》等抽象作品的上马石。我在油画中引进线，煞费苦心，遭遇到无数次失败，有一次特别难堪。大概是70年代末，我到厦门鼓浪屿写生，住在工艺美校招待所，因此师生们想看我写生，我总躲。一次，用大块油画布在海滨画大榕树，目标明显，一经被人发现，围观的人越来越多。我从早晨一直画到下午，画面彻底失败，而且有不少美校的老师也一直认真在看，天寒有风，后听说一位老师因此感冒了。一年后，我这心病犹未愈，便改用水墨重画这题材，相对说是成功了。技奴役于艺，而技又受限于工具材料，我在实践中探索石涛"一画之法"的真谛。因此油彩难于解决的问题，用水墨往往迎刃而解，反之亦然，有感于此写了篇短文《水陆兼程》：

  从我家出门，有一条小道、一条小河，小道和小河几乎并行着通向远方，那远方很遥远，永远吸引我前往。我开始从小道上走出去，走一段又从小河里游一段，感到走比游方便、快捷。

  我说的小河是水墨画之河流，那小道是油彩之道。40年代以后我一直走那陆路上的小道，坎坎坷坷，路不平，往往还要攀悬崖，爬峰峦。往哪里去呵，前面又是什么光景，问回来的过客，他们也说不清。有的在什么地方停步了，有的返回来了，谁知前面到底有没有通途。岁月流逝，人渐老，我在峰回路转处见那条小河又曲曲弯弯地流向眼前来，而且水流湍急，河面更宽阔了，我索性入水，随流穿行，似乎比总在岸上迂回更易越过路障，于是我下海了，以主要精力走水路，那是80年代。

  艺术起源于求共鸣，我追求全世界的共鸣，更重视十几亿中华儿女的共鸣，这是我探索油画民族化和中国画现代化的初衷，这初衷至死不改了。在油画中结合中国情意和人民的审美情趣，便不自觉吸取了线造型和人民喜闻乐见的色调。我的油画渐趋向强调黑白，追求单纯和韵味，这就更接近水墨画的门庭了，因此索性就运用水墨工具来挥写胸中块垒。70年代中期我本已开始同时运用水墨作画，那水墨显然已大异于跟潘天寿老师学传统技法的面貌，不过数量少，只作为油画之辅。到80年代，水墨成了我创作的主要手段，数量和质量颇有压过油画之趋势。自己剖析自己，四十余年的油画功力倒作了水墨画的垫脚石。我曾将油画和水墨比作一把剪刀的

1992年，吴冠中的茶会

双刃，用以剪裁自己的新装，而这双刃并不等长，使用时着力也随时有偏重。

　　感到油画山穷时换用水墨，然而水墨又有面临水尽时，便回头再爬油彩之坡。70年代前基本走陆地，80年代以水路为主，到90年代，油画的分量又渐加重，水路陆路还得交替前进。水陆兼程，辛辛苦苦赶什么路，往哪里去？愿作品能诉说赶路人的苦难与欢乐！

　　无论是"搬家写生"、引线条入油画或引块面入水墨，都缘于风筝不断线的思想感情，其效果也必然是中、西融合的面貌。白居易是通俗的，接受者众，李商隐的艺术境界更迷人，但曲高和寡，能吸取两者之优吗？我都想要，走着瞧。80年代后，我的作品多次在海外展出，在西方我听到一种反映，认可作品，但说如割断"风筝不断线"的线，当更纯，境界更高。我认真考虑过这严峻的问题，如断了线，便断了与江东父老的交

流，但线应改细，更隐，今天可用遥控了，但这情，是万万断不得的。

艺术学院的情况没有说完。再说卫老之真情实意。艺术学院诞生于北师大，我调去时正筹备艺术学院，暂在和平门旧址上课，我住单身宿舍，卫天霖也住单身宿舍。我们第一次见面是在公共盥洗室里，发色已苍的老画家正在洗油画笔，我们彼此打量对方，彼此自我介绍，这是系主任与新教师最简朴的见面礼节吧，而且卫老没说一句欢迎之类的客气话，倒是诉说一阵作油画之艰苦，我对他肃然敬意。很自然，他没有邀请，我没有要求，我们一同上楼到他房里看他正在创作中的作品。那是一幅粉红色的芍药，画未完成，已感苍凉老辣，红粉娇艳全无媚色。十余年后"文革"，卫老被迫在椅子胡同一号家中一幅一幅涂刷他的作品。他那整个东屋是作品仓库，木架上井井有条堆满着他的全部心血结晶，曾经，他亲手，一幅一幅翻出来给我看了个饱，将画搬回原位时也不让我帮忙，他心中的秩序不容人打乱。我眼看着老人用白色涂料涂刷有血有肉有魂有胆的一幅幅作品时，不禁泪水盈眶。我说，我代你保存一幅试试，其实我对如何保存自己的作品还全无把握。卫老说，在全部作品中你任选一幅吧！我就选了我们初次相识，我看着他洗笔和作画过程的那幅芍药。改革开放后，卫老的画在美术馆和日本展出时，人们总来借这幅芍药，最后我将这幅作品赠给了师院美术系（今首都师大美术系），那是这幅作品诞生的家园，盼后生青年们珍惜她，奠祭卫老。

善良的卫老具强烈的爱憎感，他偏护我，除了艺术观点外，他观察我每晨极早骑车外出写生一幅水彩画，画北京一条街，回来整八点不误上课。每周六下午骑车返清华，因家仍留在清华。艺术学院在前海北沿恭王府旧址成立后，卫老竭力为我寻找住房，并将我妻调至美术系资料室工作，我似乎是他心目中的萧何或韩信，他要永远留住我，因为我从美院而清华，清华而师大，怕我总是不安定。

卫老将妻调到美术系资料室，他绝未意识到这对我们家庭具有扭转乾坤的重要性。我认识朱碧琴出于偶然，我的爱情是炽烈的，但她性格平稳，并不欣赏艺术的浪漫，似乎由于我的真诚与执着，被我拉入了爱河。是一对青年男女的情爱。她并不了解我对艺术的追求，更不了解艺术的实质，其时我专注攻法文，几乎不作画，她没有看过我的画，不了解画家，却将终身托付了画家，今日追忆，我为这个纯情的少女担忧，如果我是她父亲，不仅怕她日后会贫穷，该担忧的问题太多了，我的女儿不嫁画家。当我从法国回来，不久调入清华后，我废寝忘食投入艺术探索，她才开始看到这样工作的画家，画家是这样工作的，一个家庭容得下画家吗？她的不满与怨言多起来，甚至说：下辈子再也不会嫁你，除了我，谁也不会同你过下去。确乎，她委屈了，她错选了婚姻之路，我无法诉说自己的委屈，似乎我骗了她，但我从未骗她，是她当年走路不细心、不精明，她的善良却换来了后悔与不幸。我们从纯净的情侣走向柴米夫妻，走向同床异梦，感情显然有了裂缝，裂缝在自然扩大，是危险的信号！天使卫老将她调入美术系资料室，专管画集、图片、美术理论著作……她被迫嫁给了美术之家。她从面对小学生到面对大学生，是有些惶恐的，她努力学习钻研，便必然成为我的学生，我陪她去看所有的重要画展。我从巴黎带回的马蒂斯等人的裸体画册，她原是很反感，从不翻阅。只有在潜移默化中，"美"才显出其改造审美、品位、人格的巨大威力。年复年，后来她竟能在马约尔、雷诺阿、莫蒂里安尼等人的裸体中辨别出质感、量感及神韵之迥异。她看多了名作、师生们的作品，也重视分析我的作品了。她退休后，经常跟我到外地写生，她不画，她看，偶或也画她所看到的意象，甚至帮我选对象。青春远去，如今我们老了，每日相依着在龙潭湖公园散步，时常追忆六十年前在重庆沙坪坝鸳鸯路上的华年。

卫老带着工作人员在恭王府附近为我找住房，总找不到，便安排我暂住学院内。房虽小，是地板，窗明几净，我们很满意，但只是暂住。1958年，我们搬入附近的会贤堂大杂院，大、杂、脏、乱，几十户住家，只两个公共水管，一个厕所，尤其厕所脏得无法跨入。我家无法接待外宾，怕伤国体，也有非接待不可的时候，我便带他们去看银锭桥一带的老北京风光，他们看到水之污浊，就不敢吃餐桌上的鱼虾了。我家五六口人，住两间半屋，作画极不便，作了画常常须到窗外远看效果，或者直接在庭院作画。我自认为代表性作品《双燕》就诞生于此。今日破烂的会贤堂，昔日曾是有名的豪华饭庄，蔡锷和小凤仙曾相叙于此，卫天霖也是在此举办的婚礼，门外什刹海，春风杨柳，红莲歌妓，赏心乐事谁家院！

住得虽差，但上班上课近，步行一刻钟便到校了，尤其对于妻，工作与家务一肩挑，予她不少方便。一辆飞鸽牌自行车是我的宝马。我的工作调去了中央工艺美术学院，但宿舍没有调，从会贤堂到光华路学院骑车四十多分钟，我骑着宝马朝朝暮暮挤在北京自行车的洪流里，成为真正北京市的子民。我称之为宝马，绝非虚褒，它驮过煤饼、烟筒、过冬白菜，接送过孩子……但它最为重要的劳役是驮我到郊外作画。在近郊写生，我都用布，画面也较大，作品完成后绑在后座便似平板三轮车，油色未干，画面朝天，穿人群，走僻巷，一路小心翼翼怕人碰，我的骑车技术也愈来愈有特色。我在会贤堂陋室住了二十五年，冬天烧炉子，白天室温在十度左右，夜晚，尿盆盖被冻住，要使劲才能揭开。宝马不怕冻，不需侍候，却忠心耿耿。有一次，我忽然想去香山画白皮松林，宝马飞快不须两小时便赶到，但我对松林感到失望，立即回头，宝马也便无喘息时机。宝马不吃草，终于渐渐衰老多病，不行了，被换了另一辆"飞鸽"，当这只替代的"飞鸽"又飞不动时，已是80年代初了。艺术学院时代，离校太近，学生和同事们串门的不少，因此每当星期天或假日，妻领着孩子们上街或走外婆家，锁上房门，放下窗帘，我被锁在屋里作画，虽然光线暗，也抓住了点点滴滴的青春时光。

因为没有下水道，住户们都将脏水直接泼在院里，潮湿、恶臭，但倒成了花木的沃土。我爱花，但从无工夫侍候娇嫩的花，所以不栽，但孩子们随便种的向日葵、野菊、木槿、葫芦等却疯长。有一株木槿长得高过屋檐，满身绿叶素花，花心略施玫红，这丛浓郁的木槿遮盖了我家的破败门庭，并吸引我作了大幅油画，此画已流落海外，几度被拍卖，常见于图录，但画的母体却早已枯死了，愿艺术长寿。

我和卫老一同调入工艺美院后，我们卸去了办好艺术学院的重担，只教点基础绘画，倒也轻松，将全部生命注入自己的创作。但悠闲的日子并不久，全校师生便下乡"四清"，用知识分子来清理农村干部的"四不清"问题。我随队去河北任县农村朱家屯，那是穷透了的北方乡村，我们于此与农民真正同吃同住。我住的房东家的日子比较好过，因他家只一个孩子。有一天，那孩子兴奋地说朱家屯演戏了，他爬上房顶瞭望，但失望了，并未演戏，原来我们一个同志的半导体中在唱戏，他们颇为惊讶。当地吃白薯干粉蒸的窝窝头，其色灰褐如鸡粪。颜色难看恶心，饿了便顾不得，但每咬一口都牙碜，真难下咽。房东看了也同情我们，拿出玉米窝窝头来，但纪律规定，不许吃房东家玉米窝窝头。夜晚，房东家炒他们自己种的花生吃，也分给我们，我们照例不敢碰，那孩子说，你们咋不吃，这花生真香。日子久了，房东对我们的防线放松了，才敢取出藏在草垛里的自行车。

我从来不怕吃苦，却怕牙碜，几乎顿顿吃不饱，逐渐逐渐不想吃了，不到半年，一点食欲也没有了，有学生给我寄来胃病药，无效，病了！回北京朝阳医院抽血检查，看验血结果那天，妻焦急地等在家门口，问我怎样，我说：肝炎，她脸色顿时刷白。医生嘱我卧床休息一月。我从无卧床休息的习惯与经验，感到十分痛苦。妻远去珠市口买到一张竹制的躺椅，我每天便躺在廊下看那破败的杂院，精神已沉在死海中，我绝不善于养病，也从未得过病，人到中年，生命大概就此结束了。一个月继一个月，验血指标始终不降，也找过名中医，均无效，我肯定医学在肝炎面前尚束手无策，我开始严重失眠。如无妻儿，我将选择自杀了结苦难。

2003 年

严寒·酷暑·土地

"文化大革命"爆发了。我因病不能参加,在我的历史上,绝无政治污点,我很坦然。但众目睽睽,我的资产阶级文艺观毒害了青年。由学生写大字报来"揭"老师的毒与丑,其实大部分学生是被迫的,上面有压力,不揭者自己必将被揭。我到工艺美院后授课不久便下乡"四清",放毒有限,而以往艺术学院的学生毕业后已分配各地,他们不会赶来工艺美院揭我的毒,何况,是毒还是营养,如鱼饮水,冷暖自知。所以妻冷眼看:若不是撤销了艺术学院,我的性命难保。妻随资料室并入美术研究所,研究所设在中央美院内,暂由美院代管。在工艺美院,攻我的大字报相对少,内容也空无实证,结果我被归靠边站一类,我们几个同代的教师,必须每天上午九点至十一点在系办公室坐以待命,讥称911战斗队。我抱病天天坐在911队部,一天一天送走明媚的阳光,至于院内贴满的红色大字报,我基本不看,在读谎言与闲送光阴间,我选择了后者。

抄家,红卫兵必来抄

吴冠中全家照

家，孩子们帮我毁灭裸体油画、素描、速写，这一次，毁尽了我在巴黎的所有作品，用剪刀剪，用火烧。好在风景画属无害，留下的卫老那幅芍药也保住了。犹如所有的年轻学生，我家三个孩子或插队到内蒙古、山西，或在建筑工地流动劳动。接着，妻随她的单位美术研究所去邯郸农村劳动，我一个一个送走他们后，最后一个离开会贤堂，随工艺美院师生到河北获鹿县李村劳动，继续批斗。当我锁房门时，想起一家五口五处，房也是一处，且里面堆着我大量油画，不无关心，所以实际上是一家五口六处。

我们在李村也分散住老乡家，但吃饭自己开伙，吃得不错，所以老乡们的评语是：穿得破，吃得好，一人一只大手表。劳动要走到很远的干涸了的河滩开垦，解放军领着，列队前进时个个扛着铁锹，唱着歌，孩子们观看这一队队破衣烂衫的兵，指指点点，没什么好看，也就散去了。我的痔疮严重了，脱肛大如一只红柿子，痛得不能走路。我用布和棉花做了一条厚厚的似妇女月经时使用的带子，宽阔结实，加了肩带，像穿背带裤般，使劲挺腰将带子托住痔疮，这是种托肛刑吧，我在服刑中种地。解放军领导照顾老弱病残，便将我调到种菜组，我心存感激。我管的一群小绒鸭有一只忽然翻身死了，于是有拍马屁的小丑报告指导员，说我阶级报复，打死了无产阶级的鸭子。指导员叫我到连部，要我坦白，我说绝非打死，是它自己死的，我感谢领导调我到种菜组，我是兢兢业业的。这事很快在地头传开了，有人问我，我说真是《十五贯》冤案，有几个同学也评说《十五贯》。指导员第二次叫我到连部，我以为他会缓和语气了，哪知他大发雷霆，拍着桌子吼："老子上了《水浒传》了，《十五贯》不是《水浒传》吗？你以为我没有看过，我要发动全连批判你！"

大约过了两年，连队里严峻的气氛松弛下来，节假日也允许作画了。我的肝炎一直没有痊愈，只是不治而已，后来情况严重才让我去白求恩医院治一时期，也不见效，绝望中我索性投入作画中逃避或自杀。我买地头写毛主席语录的小黑板制作画板，用老乡的高把粪筐作画架，同学们笑称粪筐画家，仿的人多起来，诞生了粪筐画派。粪筐画派主要画玉米、高粱、棉花、野花、冬瓜、南瓜……我这一批粪筐作品均已流落海外，是藏家们寻找的对象了。

每次在庄稼地里作了画，回到房东家，孩子们围拢来看，便索性在场院展开，于是大娘、大伯们都来观赏、评议。在他们的赞扬声中，我发现了严肃的大问题：文盲不等于美盲。我的画是具象的，老乡看得明白，何况画的大都是庄稼。当我画糟了，失败了，他们仍说很像，很好，我感到似乎欺骗了他们，感到内疚；当我画成功了，自己很满意，老乡们一见画，便叫起来：真美呵！他们不懂理论，却感到了"像"与"美"的区别。我的画都是从生活中剪裁重组的，东家后门的石榴花移植到西家门前盛开了。有一次画的正是石榴庭院，许多老乡来看，他们爱看开满红彤彤榴花的家园，接着他们辨认这画的是谁家，有说张家，有说李家，有说赵家，猜了十几家都不完全对，因为总有人否定，最后要我揭谜：就是我现在所在的房东家。大家哈哈大笑，说：老吴你能叫树搬家！后来我便名此画为《房东家》。

政治气氛松弛了，军队的头头们要我们作画了。能书法的、国画的被召去连部给军人们写和画。我也被召去，我还是学生时代跟潘天寿学过传统国画，大量临摹过石涛、板桥的兰竹。画兰竹最方便，便画了一批兰竹，也有同学要，随便画了就给。那是70年代初，传来潘天寿逝世的噩耗，我利用现成的笔墨，作了一小幅仿潘老师的山水，并题了一篇抒发哀痛之词，由一位同学收藏了。

下放劳动的地址也曾转移。妻的单位美研所跟美术学院走，最后他们搬到前东壁，离我们李村只十里之遥。美院和工艺美院的教工间不少是亲属，领导格外开恩，在节假日允许相互探亲。我和妻每次相叙后，彼此总要相送，送到中途才分手，分手处那是我们的十里长亭，恰好有两三家农户,照壁前挂一架葡萄,我曾于此作过一幅极小的油画,并飞进一双燕子。

有一时期,我被调到邢台师部指导文艺兵作画,条

1972年,吴冠中下放时留影

件比连里好多了,也自由多了,上街买一包牛肉干寄给妻,但包裹单上不敢写牛肉干,怕妻挨批判,便写是药。妻因插秧,双手泡在水里太久,后来竟完全麻木了,连扣子都不能扣,她哭过多次,先没有告诉我。有一次收到她的信,我正在地里劳动,不禁想写首诗,刚想了开头:接信,泪盈眶,家破人未亡……指导员在叫我,我一惊,再也续不成下文了。

岳母在贵阳病危,我和妻好不容易请到了假同去贵阳。途经桂林,我们下车,我太想画桂林了,便到了阳朔。抵阳朔已傍晚,住定后天将黑,我是首次到阳朔,必须先了解全貌,构思,第二天才能作画,这是我一贯的作风。妻只能在旅店等候。我跑步夜巡阳朔,路灯幽暗,道路不平,上下坡多,当我约略观光后回到旅店时,一个黑影在门口已等了很久很久,那是妻,她哭了,其时社会秩序混乱,人地生疏,确是相当冒险。翌晨,先到江边作画,无奈天下细雨,雨不停,妻打伞遮住画面,我们自己淋雨。当我要迁到山上画时,雨倒停了却刮起大风,画架支不住,我哭了,妻用双手扶住画板代替画架,我听到了她没有出口的语言:还画什么画!到贵阳时我的食欲渐渐好转,因肝炎食欲长期不好,食欲好转意味着肝炎好转,后来检查果然指标正常了,有人认为我作画时是发气功,艺术之气功治愈了病,也许!

昆曲《十五贯》中，况钟等官员启封尤葫芦的旧居，打开门东看看、西望望，用手指敲一下门、墙，便急忙张开纸扇遮、挥尘埃与落土，表演入微，美而真实。1973年，我被提前调回北京，参加为北京饭店绘制巨幅壁画《长江万里图》。我到家，启开未贴封条的门，跨进门，立即联想到尤葫芦凶宅。耗子大胆地窥我，不知谁是这屋的主人。房无人住，必成阴宅，我之归来，阴宅又转阳宅，我应在门前种些花，祝贺这户人家的复活。

大学均未开学，学院乃空城，我的全部时光可投入绘画，且无人干扰。饥饿的眼，觅食于院内院外，枣树与垂柳，并骑车去远郊寻寻觅觅，有好景色就住几天。画架支在荒坡上，空山无人，心境宁静，画里乾坤，忘却人间烦恼，一站八小时，不吃不喝，这旺盛的精力，这样的幸福，太难得。我一批70年代的京郊油画，大都作于这一阶段。待妻返回北京，我们的家有了主持，才真的恢复了家庭。不久可雨也从内蒙古被招考返京任中学教师，一直到大学恢复招生时，他考取第一批大学生，进北京师范学院重新当学生，但他最美好的年华已留给了草原牧区。他带回一双硕大的牧羊毡靴，妻为我将那双毡靴剪开，缝制成一块平整的毡子，我用以作水墨画之垫。我70年代中开始兼作水墨画，就作这样小幅的，大胆试探，完全背叛了当年潘老师所教的传统规范。一张三屉桌是全家唯一共用的写字台，因屋里放不下第二张桌子，这桌主要是我用，其次是妻，孩子们基本用不上。除了写稿、写信、写材料，现在要用它作水墨，它兼当画案了，妻要找写字的时机都困难。我改用一块大板作水墨，大板立着，我的水墨也只能立着画，像作油画一般，宜于远看效果。

山雨欲来风满楼，文艺界的温度表又直往上升。1975年，青岛四方机械厂奉命制造坦桑尼亚至赞比亚铁路的总统车厢，邀我前去绘乞力马扎罗雪山和维多利亚瀑布，然后根据油画织锦装饰车厢。我不爱画没有感受过的题材，何况又是任务，本无兴趣，但为了躲开北京的文艺高温，便接受了青岛的避暑邀请。四方机械厂中有几位酷爱美术的建筑师和工程师，成了我的新朋友，尤其邹德侬更成了知音，他毕业于天津大学建筑系，绘画的基础本来就很好。我的任务一完，他们便安排我们四人一同去崂山写生，我们住在山中解放军连部一间小屋内，很挤，仅能容身，好在我们白天都在山中写生，云深不知处。第一天车到目的地后，放下行装当即随车返回，因中途曾见一处景色迷人，我们到北九水下车，然后步行爬山返回宿处，一路跋山涉水，享受了一个无比开心的下午。但夕阳西斜，我们估计的方向却愈走愈不对头，山中渺无人烟，无处问路，爬过一岭又一岭，路消失了，攀着松树高一脚低一脚心里开始慌乱，因山里有毒蛇和狼，我们虽四五人，赤手空拳的人救不了自己。天将黑，终于看见了海，但还是不知身处何地。大约八九点钟，有人听到遥远的广播，急匆匆朝救命之音奔去，确是逃命，但大家都不敢吐露自己的惶恐。月光亮起来，广播声渐近，望山跑死马，我们终于到了平地，进了村子，夜半敲开了老乡家的门，歪歪斜斜挤在柴屋里待天明。此地已不属于我们所住连队的那个县，而是另一个县。翌日，吃了老乡们捕的活鱼，大队里派了一辆拖拉机送我们回宿营地。我后来捡回拳头大的一块山石，青岛一位同学王进家便在上面刻了"误入崂山"四字，此石今日仍在我案头，天天见。在崂山住的日子不短，管他春夏与秋冬，大家画了不少画，邹德侬作了一小幅油画，写生在写生中的我，形神兼备，我为之题了首诗，已只记得两句：山高海深人瘦，饮食无时学走兽……

我提前从农村调回北京，为了创作北京饭店的壁画《长江万里图》，那图由设计师奚小彭总负责，绘制者有袁运甫、祝大年、黄永玉和我，袁运甫联系各方面的工作，稿子酝酿很久，待到需去长江收集资料，我们从上海溯江上重庆，一路写生，真是美差。在黄山住的日子较久，日晒风吹，只顾作画，衣履邋遢，下山来就像一群要饭的。我们去苏州刺绣厂参观，在会客室听介绍后便去车间现场观察，离去时发现祝大年的一个小包遗忘在会客室，便回头去找，正好一位刺绣女工将之送来，她十指尖尖，用两个手指捏着那肮脏的包拎在空中，包里包外都染满颜料，她不敢触摸。我们一路陶醉山水间，与外界隔绝，但到重庆时，情况不妙，才知北京已展开批黑画，催我们速返参加运动，壁画就此夭折。我利用自己的写生素材为中国历史博物馆创作了巨幅油画《长江三峡》，效果不错，人民大会堂要求移植成横幅，我照办了，效果也不错，但挂过一时期后，就再未从电视上见到过，不知下落。

人民大会堂内全国各省、区、直辖市均占一厅，并负责装潢各自的厅。湖南厅设计张挂巨幅湘绣韶山，省委邀我去长沙绘巨幅油画《韶山》作绣稿。画幅五米多宽，高约二米，湖南宾馆的一个最大的厅让给我作工作室。画成，照例审稿，我最怕审稿。米开朗基罗作完大卫像，教皇的代表去审稿，他欣赏之余，显示自己的眼力，说鼻子边略宽了一点。米氏于是拿着锤和凿，并暗暗抓了一把石粉，爬上梯子，在大卫鼻子边当当敲打，同时徐徐撒下手中石粉，当审稿者说正合适了，米氏便下梯。《韶山》审稿那天，大小官员及工作人员来了不少，他们将一把椅子安置在靠近画面的正中央，然后簇拥着主审进来坐进椅子，其他人均围在其背后，屋子里满是人。这位主审无官僚气，很朴实，像是一位老红军出身的高级领导。他左看右看，往上看时，问是否是船，谅是松枝某处像船形，微蓝的天空也可误认为水。大家一言不发，他当即拍板：行。当他站起来走出门时，回头看画，不禁高声赞扬：伟大！伟大！这时他真的看到了画的全貌。

省委同我商量稿酬，我说不要；问有什么事要协助，我略一思索，答：能否借辆车，在贵省境内跑半月，我要画风景。太简单了，他们立即答应，并另找两位青年画家一路陪同照顾，他们是陈汗青和邓平祥。我们快活得如出笼之鸟，振翅高飞。先到湘西凤凰、界首，听老乡说：这里风景有啥好，大庸的张家界那才叫好。听人说好，结果大失所望，这样的经验不少，不过现在有车，不妨试试，于是兵发张家界。车到大庸县，已近下班时刻，但是省委的介绍信，省委的车，县里岂敢怠慢，晚餐像是急促中制作的阔气。但他们尚无正式招待所，将几间办公室作为我们的临时卧房。

翌日，直奔张家界，那是只为伐木护林的简易公路，一路坑坑洼洼，散布着大小石块，是运木材的大卡车摇摇晃晃的通道，我们的小车不时要停下来搬开石头，走得很慢，且一路荒秃而已，我心已凉。傍晚，车转入山谷，凸现茂林、峰峦，郁郁葱葱，景色大变，我想是张家界了，必然是张家界了。停车伐木工人的工棚前，工棚本很挤，又要挤进四个人，颇费调度安排。山中夜来天寒，工人们烧木柴取暖，围火聊天，给我们介绍山之高险、野兽稀禽、风云幻变。翌晨，我们匆匆入山，陡峰林立，直插云霄，溪流穿行，曲折多拐，野、奇、深远，无人迹。我借工人们擀面的大案，厚且重，几个人帮我拾入山间，作了两大幅水墨，再作速写，但时日匆匆，已到返程期限。到长沙时已近年终，我写了一篇短文《养在深闺人未识——失落的风景明珠》发表于1980年元旦的《湖南日报》。后来张家界扬名了，我那篇短文曾成为导游册子的首篇，据说有一处石门还被命名为闺门。张家界的领导多次热情邀我回去看看新貌，虽想去，总是忙，何日得重游。

工艺美院的课程是按单元进行，当进行专业设计课时，绘画教师便有时间外出写生创作。除了江南，我去胶东一带的渔村，如大鱼岛、石岛、龙须岛等次数甚多。为了防雨，那里的房顶斜坡度大，厚厚的草顶，大块石头砌成不规则几何形的墙，这样的原始建筑形式极大方，寓美于朴。今日这些草房谅已少见，但令我惊讶的是，1992年我到英国南方，见到许多乡村别墅与大鱼岛的渔家院的构成样式如兄弟姐妹，只是规模较大，质量讲究，在我的作品中可找见其真容。我画过不少渔家院，都带鱼腥，有一人画之院却无晾晒之鱼，我便将别家之鱼迁入，且甚丰满。我提着油画在村头走，一些老乡围拢来看，人们一看就知是谁家，于是有人惊叫，他家原来还有那么多鱼，因都知道这家早没有剩鱼了。

随渔船出海最美，打上来的鱼虾最新鲜，船上都备有锅灶，煮吃活蹦乱跳的虾，自然鲜美之极，但渔民们不备盐巴，我吃不惯，很遗憾。日晒风吹，我像渔民一般黑，渔民们不再称老师，改口叫老吴了，真感无比欣慰。老吴到食堂打饭时，往往不吃主食，专买鱼虾，人生走一回，这鱼腥的青春永不再来。

我向往西双版纳，1978年终于成行。听说有传统画家到版纳后大失所望，认为一无可画。确乎，版纳远远近近皆植物花木，是线构成的世界，天气总晴朗，百里见秋毫，没有烟树朦胧和一抹云山。竹楼虽美，楼下牲口粪便恶臭难当，少数民族节日才穿戴的华衣繁饰跟不上现实生活的发展。我2002年访瑞丽，竟没有了竹楼，便关心地探问版纳今日，据说也大变了。变，是必然，应鼓掌，但如何寓故情怀于新形式确是横贯于中西的大问题、大学问，但却被人们轻视了，或者说人们还没有解决难题的能力。竹楼与大屋顶，难兄难弟，将被消灭，或保留几个旧样板示众，没有血统后裔了。正如版纳妇女的优美线条代代相继，我们难于估计聪明的人们对未来生活的创造。

离了版纳，我经大理、丽江，从危险的林场道上搭乘运木材的卡车直奔玉龙山。我由一位青年画家小杨陪着，住到黑、白水地方的工人窝棚里，床板下的草和细竹一直伸到床外，吃的是馒头和辣酱，菜是没有的。都无妨，就是玉龙山一直藏在云雾里，不露面。你不露面，我不走。小雨、中雨、阴天、风夹微雨，我就在这阴沉沉的天气中作油画。大地湿了就像衣裳湿了，色彩更浓重，树木更苍翠，白练更白。就这样连续一个多星期，我天天冒雨写生，画面和调色板上积了水珠，便用嘴吹去。美丽的玉龙山下，湿漉漉的玉龙山下，都被捕入了我的油画中，我珍爱这些诞生于雨天的作品。我们的窝棚有一小窗，我就睡在窗口，随时观察窗外，一

山间春色　　62cm×46cm　　1974年　　三合板·油彩

硕果　　74cm×46cm　　1974 年　　麻布·油画

韶山　47cm×109cm　1976年　宣纸·水墨

山村春暖　　46cm×61cm　　1976年　　三合板・油彩

个夜晚，忽然月明天蓝，玉龙山露面了，通身洁白，仿佛苏珊出浴，我立即叫醒小杨，便冲出去就地展开笔墨写生，小杨搬出桌子，我说不用了。激动的心情恐类似作案犯的紧张。果然，只半个多小时，云层又卷走了一丝不挂的裸女，她再也没有露面。一面之缘，已属大幸，我破例在画上题了诗：崎岖千里访玉龙，不见真容誓不还，趁月三更悄露面，长缨在手缚名山。太兴奋了，但我不喜欢将诗题在画面上，局限了画境，后来还是将诗裁去了。

2003年

艺海沉浮，深海浅海几巡回

1979年，中国美术馆举办我的个展，这是我的一件大喜事，但开幕时我并不在北京，在重庆北碚。我是应重庆西南师范学院美术系的邀请前去讲学的。讲学之余偕美术系的老师们去大巴山写生，我们一直深入到巴山脚下的穷山沟。时值天寒，记得用木炭或木柴烤火，但也可能是春寒，因忽然一场大雪，满山皆白，雪止，又很快消融，消融处，一块块浓绿与乌黑凸现出来，迅速扩展变形，于是白与黑之间在相搏相咬，真是无比华丽的黑白抽象画，我一直观望这抽象艺术的演奏，实在心醉，我的多幅春雪作品大都孕育于此，或最早孕育于此。

在西南师范学院美术系所作讲学的内容是关于形式美问题。新中国成立以来，一向是主题先行，绘画成了讲述内容的图解，完全丧失了其作为造型艺术的欣赏本质。绘画的美主要依靠形式构成，我也极讨厌工作中的形式主义，但在绘画中讲形式，应大讲特讲，否则便不务正业了。我多次参加全国美展等大型美展的评选，深深感到那么多有才华又肯下功夫的优秀青年，功夫下错，全不知形式美的根本作用及其科学规律，视觉的科学规律。经常有人在其作品前向我解释其意图如何如何，我说我是聋子，听不见，但我不瞎，我自己看。凡视觉不能感人的，语言绝改变不了画面，绘画本身就是语言，形式的语言。当时的情况，一般人对形式美一无所知，须要像幼儿园一样开始学A、B、C。我在西师的讲学满场沸腾，掌声不绝，他们觉得太新鲜了，而且能理解，似乎恨相知之晚。他们学院的学报要发表，我便整理成文稿：《绘画的形式美》。但后来并未见发表，我估计主编者有顾虑，害怕了。但《美术》杂志却来约了这篇稿，约稿人是吴步乃，并立即作为重点稿发出。出刊后，掀起了波澜，当然有鼓掌的，但毕竟攻击者众，我成了众矢之的，我清晰地知道自己步了普罗米修斯的后尘。

中国美术馆主办的我的个展被不少省市邀去巡展，我也被邀去作讲学。我重点揭露极"左"思潮对美术的危害，甚至毁灭，我讲的全是现身说法，不引经据典，我竭诚推崇"实践是检验真理的唯一标准"。这些讲学的观点大致归纳在《内容决定形式？》《关于抽象美》等文章中，陆续在《美术》杂志上发表了。须知，当时的《美术》可说是唯一的美术权威刊物，学美术者必读，影响极广泛，攻击我的文章也大都在《美术》上发表，我自知是落入是非之海了。沉浮由之，问心无愧而已。改革开放后的第一次文代会上，我被选为美协理事，接着被选为常务理事，我从未担任过任何社会职务，这回像坐了直升机了。在第一次常务理事会上，我提出对政治标准第一和艺术标准第二的质疑。满座默然。有人推一位权威发表意见，权威考虑一番后缓缓说：政治标准第一还是对的。我虽坚信自己的观点，但心里还是害怕了。后来看到作家协会的报道，他们也提出了第一第二分法不妥的问题，我才放了心。

工艺美院在新疆办了个班，教师轮流去上课。我上完课便去吐鲁番，刘永明做伴同行。目标是高昌遗址和交河故城。两个废墟里均高温四十摄氏度以上，旅游转一圈无妨，我要留在里面构图、写生、东跑西奔，汗流浃背。我备的是整张大高丽纸，一米多见方，垫的板子很小，不断挪动板子随着画面移位。纸上滴了不少汗珠，我所以用高丽纸，因它比宣纸结实，早期墨彩画在野外写生中完成的，基本都用高丽纸，这糊窗户的纸在我的艺术之道中立了汗马功劳。大约画了一个来小时吧，构建了大局及关键性的局部，实在受不了暑之酷，便不得不回到宿处继续凭印象和想象加工。宿处是地下室，舒适了，我慢慢琢磨，并将火焰山移来作高昌的背景，现实中她们永不相见，但人们心目中她们长相伴，在灼热中共存亡，我想表现亡于灼热天宇的高昌，从高昌念及玄奘，从干裂的遗址中窥探玄奘时代繁华的故国高昌。这幅画后来在香港以及新加坡等处展出后，几经转手，1989年苏富比以187万港币创在世中国画家的拍卖纪录。当香港友人来电话报这一喜讯时，我并不激动，画早已非我所属，倒令我立即回忆在高昌的日子，想写信告诉高昌人民这一消息，无奈高昌断了邮路，信无法投递。

我与刘永明又一同去了阿尔泰，此行目标主要是白桦林。新疆方面给我们配了专车，有两三天路程。一路荒漠，天高云淡，天地之分一线而已。忽而风狂雨暴，冰珠击车，雷电交织，天地一片乌黑，颇为恐怖。道路已隐，草短花碎，吉普车在原野奔驰，四周色调有变而不见具象之物，我们在抽象之境中静听宇宙节律。那年月，车少，司机俏，我们竭力同司机搞好关系，一路同吃同住，平起平坐。这位司机年岁较大，朴朴实实，并不骄横，他背后问刘永明：老吴真是教授吗？我们住定阿尔泰，翌晨便奔白桦林，白桦，素白的身段，那乌黑的斑点，其实都是疮疤或被人撕去皮后留下的血红伤残，但却偏偏形成了色彩美的搭配。且树身高处又长着许多眼睛，这眼，只有上眼帘，没有下眼帘，仿佛窥人的秋波。白桦都生长在寒地，西藏、东北、北京百花山高处，我偏爱，但少见，今进入白桦之林，森林，且悄无人影，是我多年梦想之画境。从住处到白桦林，吉普车要爬四十多分钟，一路乱石乱坑，车既爬又跳，东倒西歪，加足马力，就像一头受伤的猛兽，狂怒地冲撞，我真心疼这位半老司机，深感歉意。我们刚到阿尔泰，便已有当地的青年美工们在等待，说久仰大名，表达学习的诚意后，便事事帮忙，作各方面的向导。他们提出要跟我们一同去白桦林，我无法拒绝，但车挤。早上装车待发时，他们能干，不让我插手，装完所有的画具后他们歪斜站着居然全部塞进了车。到白桦林后又是他们抢着卸车，卸完车，司机驾车返城里加油，我告诉他傍晚来接我们回去。我先欣赏一番新娘——白桦林，正预备作画，悲剧发生了：不见了我的画箱。我个人的悲剧变成了大家的悲剧，他们主要是来看我作画的。有人立刻将自己的画箱让我作画，我无奈，就打开这不习惯的工具动手作画。忽然村口桥头发出隆隆之声，儿童们叫：车又回来了。司机在加油时发现我的画箱遗忘在角落里，几天来的接触，他已明白我的工作和画箱的重要，半老之人的心地多善良呵，他冒着道路的艰难，立即将画箱送到了白桦林。我泪湿，想拥抱他。最后，到乌鲁木齐分手时，我送了他一幅自己的小画，他也许认为是鹅毛，但确是感受到人意之重的。

返国三十年，1981年中国美术家协会派我、詹建俊及刘焕章三人访西非三国，我作为团长，另配英文翻译兼女秘书一人。先到尼日利亚首都阿布贾。我在黄土地上、原始森林中封闭了三十年，重见高楼大厦、现代生活，感到节奏频率的加速。其实，阿布贾的一切新建设都是西方国家的投资，我们不懂外交与资金及权力的关系，但恰恰遇到外交部大楼被整个焚烧，全部外交档案均消灭，据说是内部原因，自焚。残垣犹堵路，车辆绕道。我们同时带着各自的作品，每到一国须展示，属义化交流。布置草草，观众寥寥，倒是别国使馆来买了少量作品，款由我国使馆转交文联。我们感兴趣的是非洲人，他们的生活状况与木雕艺术。特别乡间，那才是非洲，藤树缠绵，黑色的居民懒懒地躺在林阴里，身上披一块布，伸手便采来香蕉，衣食简便。塞拉利昂小，马里穷。从马里转巴黎返北京，转巴黎停留三天，这是我们的焦点时刻。航班误点，抵巴黎已傍晚，我国驻法使馆派人在机场接。同时，我也通知了朱德群。我注意接机的人群，先见到德群，后见到使馆人员，其中居然有我留法时的老同学董宁川。大家见面握手，自我介绍，使馆已安排好先到招待所住宿，但招待所远，参观博物馆不便，大家愿住市内小旅馆，获得同意。德群约我住他家，但使馆有规定，不能住私人家，因此接我们的工作人员有难色，幸而董宁川已是参赞，他拍板同意了。于是德群帮大家联系了便宜的旅店后（我们的公款极可怜），说定明晨一早我们到旅店陪他们去卢浮宫。于是我如脱笼之鸟，跟着德群飞向高空，四十年的别离，我们今日又共飞，不知是欢乐，是哀伤。我们的老师吴大羽在庄华岳同学的纪念册上题词：怀有同样心愿的人无别离。

我1947年离南京赴巴黎，德群不久随单位离南京赴台湾，从此断了音讯。他1955年从台湾到巴黎，首先找我，而我已返国。他偕在台湾任教时的女学生董景昭在巴黎奋斗，那民族歧视尚很刺激的岁月，中国画家要在巴黎立足，占一席之地，真是生存维艰，德群在巴黎艺海里终于游出了水面，日益引人瞩目了。他当时住在公寓楼里一个复式单元，楼下生活，楼上作画室，堆满了画，画幅均较大。他的写实功力很强，所作景昭像在春季沙龙获奖，但他很快转向抽象表现，特别是斯丹埃尔（N.Staël）的回顾展予他极大的启迪，那种大块、强对比中隐现生活形态的作风正适合了德群北方人的口味。抽象形式，仍不过是作者具象风格的演变和进展，因作品的动律永远缘于作者心脏的搏动。我们谈四十年来彼此的路，路崎岖，路曲折，甘苦有异同，而艺术中的探索却异曲同工，看了作品，毋须解释，正如我们讲的是母语，不用翻译。别后四十年来的生活谈得极少，没有工夫，也无从谈起，长歌当哭，不愿再歌再哭。我和景昭是初见面，当着她的面，我们的谈话令她更深一层了解德群。他们客厅里的沙发拉平便是我的卧床，这一夜，床其实是没有必要的。翌晨，早点后，景昭已准备好一大袋吃的和喝的，是考虑詹建俊他们在卢浮宫可参观一整天，不必为午餐费时间。待我和德群到达小旅店，詹建俊和刘焕章等早已下楼等在店门前，刘焕章心切，已显得不耐烦，待他们见到德群为他们带的食物，心头当别是一番滋味了。我们到卢浮宫后，德群说明路线等问题，交给了食物，看他们进门后便和我去看一些新画廊，卢浮宫老样，我们不看了。我们跑了不少地方，德群介绍我近十年来巴黎美术的新动向，而我却感到并无多大新意，装腔作势者多，美术岂已山穷水尽，将被人们唾弃？

熊秉明陪我到大书店参观，我选了几本画册，付款时秉明准备了支票，但我有钱，自己付了，他有点惊异，我说在非洲卖了些画，款都交使馆转国内文联，大使感到不很合理，因我们太穷，便先支给我们少量外币，秉明听了点头有喜色。我们在母校附近往昔常去的一家老咖啡店里长谈，额头的皱纹对着额头的皱纹，两个年轻人在这咖啡店里老了三十年。秉明讲一个故事，几个白俄每隔一时期便相叙于某咖啡店，坐下后先打开一包俄国的黑土，大家对着黑土默默喝黑色的咖啡（不加糖的咖啡谓黑咖啡），我这回没给他带来一包黄土。他提了一个尖锐的问题：如果你当年不回去，必然亦走在无极和德群的道路上，今日后悔吗？我摇头，我今日所感知的巴黎与三十年前的巴黎依旧依旧，三十年前的失落感也依旧依旧，这失落感恐来自故国农村，我的出生地，苦瓜家园。

三天黄金的时光匆匆流去，我们这个微型代表团又到了戴高乐机场，德群赶到机场送别，夹了一幅他的作品送我，包得很严实。何日得再见，泪滴胸前，詹建俊等亦显得黯然。

我在那令人诅咒的前海大杂院住了二十余年，孩子们一个个长大将结婚，住房的问题比天大，燃眉之急，走投无路。忘掉那艰难的过程吧，终于在劲松分得两个小单元房。我和妻及乙丁夫妇、小孙吴吉搬入了新居。因新楼无存车处，每日扛自行车上下楼极不便，家人也一致反对我再骑车，说年岁大了反应慢怕出事。秦琼卖马，我卖掉了劳苦功高的宝马，时值80年代初。妻下厨虽用上了自来水、煤气，但她上班可远了，每天一早出门，从劲松到前海美研所至少一小时，傍晚回家已十分疲惫。她天天挤公共汽车，有一天回家，她并不愉快地说：今天车上有人叫我老太太，让我座位。她惊讶别人说她老了，是的，她开始老了。她索性提前退休了。于是她有机会跟我下乡写生，她工作以来除了下放劳动的岁月，几乎没有离开过北京，今随夫君走江湖，换了人生。我们到巫山县住下。我每次船过长江青石洞与孔明碑之间，看到华丽的石壁，缘于石纹、石洞、壁上附生的灌木、藤萝……组成曲折缠绵的华章，苦于船速太快，难于捕获其美其魂。故这次先住巫山，从巫山坐小船到不太远的青石洞山村住下。青石洞是个荒村，村中仅一家农民客店，只两间客房，一间住男，一间住女，当时并无客人，只我夫妇二人，女老板坚持我们各住一间，颇不便。女老板以其家面对神女峰为骄傲，坐在家门口便可画神女峰，并确有不少画家来过，签名本上还有我的熟人，她夸夸其谈，摆开八仙桌，招待十六方，真是个江上阿庆嫂。她奇怪我并不画神女峰，似乎有点失望。从她家走到沿江看石壁还有较长一段路，待我到江边坐下画那庞大的石壁时，妻也试着画，画不成，她沿江观赏去了。许久许久没回来，我意识到隐忧，小径极窄，悬崖万丈，一失足成千古恨。我放下画具沿江找她，只此独径别无歧途，我连叫带跑不见人影，真着急了，这时候，我感受到不要艺术只要人了，几乎要哭，哭我这个已被人视为老太太的妻为了我的工作而失足！很远很远处终于发现了她，她却悠闲地同一位农妇聊天，重温年轻时她那一口地道的四川腔。返京后，这篇峭壁华章我始终没有画好，最大的一幅丈二匹也不理想，题名《巫峡魂》，在台湾历史博物馆展出时被馆方要求留给他们，就留下了。离了青石洞，我们进小三峡，直至古镇大昌，妻非娇妻，她也同样能吃苦，她感到我外出写生真苦，事事相助，其实我这时的写生条件比之70年代已优裕多多了。

我们到山西芮城看永乐宫，芮城穷极，人民吃不饱，愿永乐宫的艺术引来游客，救救守着传统的苦百姓。过潼关，下洛阳，我的目标是南阳汉画像石。偌大一个洛阳城，却找不到我们二人的下榻处。因临近牡丹节，将有七十余个会议要在洛阳举行，大小旅店已被包一空。我们坐在马路上等，等一位热心青年，美术爱好者，他终于帮我们找到过夜的处所，还是美术救了美术家。

牡丹我是不看的，看龙门，看满身窟窿的龙，看早已定居海外的佛像的旧巢，旧巢空空，应标明其主人今在何国何城何处享福、落难！我们继续赶路，到了此行终点南阳，刘秀的故乡，皇亲国戚大墓多，墓葬画像石多，已建之汉画馆虽不宏伟，但藏品甚是宏伟，几日徘徊其间不忍离去。一日，忽遇大群儿童，举红旗，由老师领着奔进馆来，马不停蹄，又匆匆出馆，扬起满馆尘埃。原来那日是清明，老师领学生往烈士陵园扫墓，扫墓毕，归途经汉画馆，顺便参观学习。我忆及初到巴黎时，上美术史课只能听懂十之五六，自己法语听力太差。某日在卢浮宫希腊雕刻展品前，遇一小学女教师，极年轻，正对学生们讲解件件展品，讲其时代背景，分析其造型特色，字字清晰，我跟着听，句句听懂了，这是我到巴黎后第一次享受到听课的满足。我们的孩子们面对传统珍宝，毋须满足？老师们无能给予他们满足！就在这次旅程中，我写了一篇短文《美盲要比文盲多》，发表于《北京晚报》。

  再上黄山，妻偕行，宿北海宾馆多日。下山前日天雨，我作速写，妻为我撑伞，此情况被刚上山的一位法国人看到。北海仅一家宾馆，夜晚那法国人托翻译来访，知我能法语，便亲自来叙。我们谈到巴黎，谈到我的学习，谈到熟人，他看了我的速写本。最后他要求我明天让他照一张我写生的相片。但我们先已决定明日一早下山。他是一位较有名的摄影师，名马克·里布（Marc Ribout），多次到过中国，摄取中国的山水人物，曾在中国美术馆举办过个人摄影展，应该说是国际友人吧。便约定明日一早拍摄，照完我即下山，奉赠给他两个小时，我对时间从来是吝啬的。翌晨微雨，我在微雨中写生，妻照例为我打伞，估计这作品将是真实感人的，他说会寄给我，我们便告别。别后杳无音信，德群却无意中在一本时事杂志（*Actuality*）中发现了碧琴为我打伞的那张黄山照片，便剪下寄到北京。作品无任何说明，在作者眼中，我们是他猎取的妇女小脚或男人长辫，他骗取了创作资料。正如我之估计，照片是真实而感人的，是极难遇见的黄山神韵，亦收入了他的个人大本影集中。后来出版我画集的多家出版社采用了这照片,问我有无版权问题,我说侵权的是这位法国佬。多年以后,我的知名度不断扩展,一日,一位自称是皮尔·卡丹的代理人找到了我的电话,说有二十来位法国文化名人来访中国,其中一位摄影师马克·里布想采访我,我断然拒绝。

画不尽江南村镇,都缘乡情,我到过的村镇不少,写过一篇短文《水乡四镇》,即柯桥、甪直、乌镇、朱家角。后来听说有周庄。1985年,我偕妻从苏州搭轮船到了周庄,住进唯一的一家旅店,房临街,一早便看楼下的早市,鱼虾新鲜而便宜,我们常买了拿到搭伙的干部食堂请厨娘加

20世纪80年代,吴冠中与夫人在黄山写生

工。早市过后,人散尽,颇有寻寻觅觅冷冷清清之美,我画小桥流水人家,画窄巷通进深深庭院,画断垣残壁。我对周庄的赞语:黄山集中国山川之美,周庄集中国水乡之美。有处老墙全系砖砌成,倾斜将塌,其上却长着肥硕的仙人掌,返京后作了幅水墨《老墙》,颇有特色。有一座桥上设成平台,台上架了个铁皮小商店,堵住了视野,破坏了水乡之优美身段,我为此写了篇《周庄眼中钉》发表于《中国旅游报》。人微言轻,这种文章发表了也就完事了,不意引起了旅游局和周庄所属昆山市的关注,启迪他们对周庄的旅游开发。赚钱,发财,力大无穷,谁也挡不住。今日周庄,人山人海,真如聊斋故事荒冢一夜成豪宅,因之我又写了篇《周庄魂兮不归》。

1987年酷暑,中国油画展在印度国家美术馆展出,中国方面只派我

一人前去参加开幕。其时中印关系处于低谷，大概由于早签订的文化交流协议——这个油画展只是应景而已。我为了看印度的风情与艺术，在四十余度的酷热中煎熬。接待很冷淡，住一个宾馆的地下室里，使馆给我送来热水器，馆方看这条件也会估计这是印方有意刁难。我要求参观的地区往往受到限制，他们以各种理由推辞，我知道我是误入政治外交之途了。展览开幕前，由使馆人员陪我去拜访了一些他们当代的主要画家，这些画家家里都阔绰，大宅院里花木繁茂，豢养着大狼狗。介绍后都客客气气，我们送上请柬，都表示欣喜，但开幕时一个也没出席，开幕那种冷落气氛，令人尴尬，这是中国油画展，时间是印度最热的六月天。因只我一人代表中国，既是团长又兼走卒，我天天守在展厅，要听听反映，但几乎没有观众，画展给谁看，展给我这个中国代表看。

　　印度的人民很美，深褐的肤色，瘦的精悍，肥的丰满，天热，几乎近似裸体，妇女披轻纱，风韵翩翩。旧德里老街五彩缤纷，十分好看，虽气味不佳，恰好我嗅觉先天不灵。坐过一次某县地区的公共汽车，是铁皮车，已生锈，窗极小，仿佛押犯人的车，谅来今已大变。印度不仅人美，鸟也美：孔雀。印度的女翻译临别时送我一把孔雀尾羽织成的团扇，极美，惜今已灰暗破损矣。

　　世界七奇之一的泰姬陵当属印度的骄傲，游人必至。然而我不喜欢这种珠光宝气之美，非美也，只是世俗的漂亮。如果杨贵妃不死于马嵬坡，李隆基为其建豪华之陵，也很难说是怎样的艺术形态。离陵入口尚远处便必须脱鞋赤足前行，烈日照晒的大理石地面烫足，痛如行刑，人们忍痛要去看宝，我是深入宝陵空手回，什么也没有印象了。出得门来被小贩紧紧包围，强卖纪念品，我不买，他们不放，便买了一本小册子，谅系旅游胜地介绍之类，后来一看，原是各式姿态的性交石刻，刻得极好，虽残破，形神兼备，神胜于形，是有名的神庙石雕，庙因性雕刻而扬名，此真春宫也，可惜我已无时日前去，庙名太长记不住，曰：KHAJURAHO。

1987年9月，香港艺术中心为我举办回顾展，妻同行。一朝被蛇咬，十年怕井绳。妻最怕坐飞机，因抗战胜利从重庆返南京时，轮船、飞机紧张，都须排队等候，我先到了南京，在卫生署找了临时绘图工作等待出国，妻的航班排在后期，她单位知她等结婚，照顾她，将她与另一女同志对换，提前赴宁，后来那女同志的航班失事，替代妻遭了殃。妻内疚，从此视坐飞机为险途。今同我共乘一航班，生死共命，畏惧心情大大放宽，但她又担心此去香港首次个展，忧喜不卜。她虽第一次出国门，倒并不羡慕花花世界，同我一样关注于展厅。开幕在晚间，已记不清主持的领导官员们，我一味等待林风眠老师，我们说好去接他，他说有人送他来，其实他是坐出租车来的。我一直紧跟他看每一幅作品，同行们也一直围着，笑眯眯的林老师却一言不发，最后他只说了一句评语：基本功不错呵。躲开了一切媒体的炒作和是非争论，老师只看了学生的作业，题写了画册和展览的标题。他离开展厅后，我才陪同一些重要人物，答复媒体的提问。翌日，英文版《虎报》以《顶峰》评价我的作品，其时国内对我早已争议纷纷，港报却一片好评，新华社驻港分社社长许家屯看了一个小时展品，认为我正如日中天。

　　我和妻去访林风眠老师，他先在电话中问有无别人，我说没有。本来是有几个人想乘机跟去的，但林老师总是闭门谢客，他极少出门，偶然在街上被人认出："你是林风眠先生吗？""不是，不是。"找到他的寓所，按铃，他亲自来开门，倒茶，他说义女冯叶去巴黎了，家室空空，老师如深山老道，无发无须，自兼打扫佛堂的小和尚。我想看画室，他说没有什么好看的，乱七八糟，看来画室不大，反正他经常作四尺对开的画幅。幸他身体健康，后几天冯叶回来，他安排我们到最新建的大厦用自助餐，我和妻注意到他喝啤酒和吃肉都比我多，甚感欣慰。在他家照了许多照片，都是妻用傻瓜机拍的，却拍得很好，都早已收录于各类画集和文集，有心的读者谅已见过。许家屯先生为贺我画展宴请少数宾客，他很高兴终于请到了林风眠,席间大家对林老师最感兴趣,因难得一见。林老师也很高兴,说话不少,说他本名凤鸣,自己改为风眠,不叫了,在风里睡觉了。别人问他每天什么时候作画,他说多半在夜里,大家叹息无法看到他作画了!我插话:作画像鸡下蛋,你看着她下不出来。满席大笑,林老师也咯咯地笑,像个孩子。其实,真正画家下的蛋是带血的,林老师夜半所下的带血的蛋往往被美展拒绝。

  第一次香港个展后,我每年为海外个展奔忙,新加坡、日本、美国、英国、法国……妻偕行。1988年,日本西武百货店举办中国博览会,店里展销的商品全是中国货,在店的心脏展出中国的文化,有楼兰遗址图片及黄山摄影,再就是我的水墨画展。那是荣宝斋中介的商业性画展,卖得很好,西武很满意。西武老板同我商量,说他们明年搞巴黎博览会,全部展销巴黎商品,想邀我去巴黎写生一月,我的巴黎作品展就作为巴黎商品展的心脏,并邀我妻同行,全部费用与手续办理由西武负责。回巴黎写生一月!我同意了,全不考虑他们商业上的企图,妻也很乐意,是意外之喜。自从香港第一次回顾展后,我的作品在商品市场颇受青睐,香港一家美国人开的画廊万玉堂多方收集作品,举行我的个展,卅幕请柬发出,想预先订画的人太多,只能按号先后进门抢订,晚上开幕,早上便已排队取号,当然是家里的佣人去排队,香港报纸评介,说买楼房排队的事有,为买画排队的事属首例。后我在日本见到万玉堂老板,他说店门的玻璃都被挤破了。其时画价不高,西武着眼于价廉物美及我曾留学法国的条件吧。我不问市价,一味想重画巴黎。

  1989年,春寒料峭,我与妻住入凯旋门附近的一家三星级饭店,离西武驻巴黎办事处甚近,是他们选订的房。我先买一本地铁手册,重温学生时代的交通路线,路线基本依旧,这样,地铁加步行,我们看遍了巴黎的大街小巷与方方面面,今天我以中国画家的眼来剖析学生时代的洋巴黎。我只通知了德群和秉明,不与外界及使馆联系,一心一意、全神贯注追捕既是故乡又属异邦的巴黎，要解开我的巴黎情结。

写生中的吴冠中

从五六十年代起，我背着画箱在野外创作，边构思边构图，然后移动画架写生局部，整体意境是主观营造，而局部的真实保证了浪漫的虚构都在情理中。这样的创作过程在风雨烈日中进行了近三十年，80年代后，我逐渐只用速写在当地构思构图，怀孕，然后回到北京制作油画或彩墨，体力消损少，分娩条件好多了。画面也就日益趋向写意，意象，油彩与水墨间的疆界更模糊了。这回巴黎写生，时间紧，当然采用速写，同时用傻瓜相机摄取一些局部形象，补充记忆。风雨无阻，我们每天早点后即带着画具和雨伞下地铁，根据我计划的日程穿透巴黎，猎取巴黎的旧貌新颜。妻也看尽了巴黎的繁华与凄怆，从红磨坊的裸舞到断垣残藤及广告板下的露宿者。我学生时代的两地书里谈到的巴黎种种，给她印证，尤其我那母校美术学院，她当年想象是遥远的天国，今天看到的却是古老而并不气派的普通院落，只点缀着许多雕像和壁画。我写生期间，无须打伞时，她便在附近观光，不通语言，不敢走远，有时在一旁小公园的长椅上休息，常有牵着狗的老太太来同她聊天，用手作聋哑语，相视而笑。午餐无定时定点，总在各处小咖啡店喝饮料吃面包夹火腿。夜，不能再工作，找中国饭店吃中餐，我们都不爱西餐。

二十余天的紧张工作，我感到资料已搜集得差不多了，两大本厚厚的速写，封面已很邋遢，便是这次收获的全部珍宝。谁要偷走这两个本，那是逼我上吊。我开始带她参观博物馆，大商场，并和德群及秉明约定活动日程。秉明夫人丙安及秉明侄女开车去访凡·高墓，学生时代我没有到过奥弗，当时也未探听凡·高墓在何处公墓中。凄风苦雨，两兄弟的墓碑立在墙脚的常春藤间，我们伏在墓碑上照了相，其时无有麦浪，无有乌鸦，而许多大墓上的塑料花经雨淋后显得分外鲜艳凸出。我只画了凡·高所画的教堂，自己名之曰"凡·高教堂"。另一日，德群夫妇开车到吉维尼小镇莫奈故园，在远郊，路不近。池塘、垂柳、睡莲、日本桥，风物依旧，鲜花盛开，可能较莫奈当时更茂盛。工作室甚大，如厂房，谅晚年才能建此规模之大画室。我在巴黎书摊上买到一张明信片，是一位白须黑衣的老头闲坐在园林的椅子上，一看说明，就是晚年莫奈坐在他的家园，正是我们此刻脚踏着的这个家园。莫奈给我最深的感受是：印象派一直不被官方艺坛认可，待名满环球，法兰西学院给晚年的莫奈提供一把交椅，他谢绝了。返京后趁印象犹新，立即动手作巴黎的油画及墨彩画。画幅不大，有的甚小，是西武提供的尺寸与画布画框，他们是依据日本家庭居室小，挂不了大画的实际需要。作品完成后待秋季运往东京展出，此次仍由荣宝斋中介。展出时我和乙丁去了东京，开幕四十分钟，作品被订出十之八九，大部分是香港藏家和画廊闻讯赶来抢购的，日本藏家及喜爱者反而近水楼台未得月。西武负责人对我说：你是成功了，但我们失败了，我们本意是培养你在日本的市场。我们想邀请你到京都奈良作画，在东京展销，希望你合作。我婉谢了。

这一年真忙，当完成巴黎作品，交给荣宝斋后，我便偕妻飞旧金山。两年前旧金山中华文化中心与我订约，于今年6月起我的个展在他们中心及伯明翰博物馆、康萨斯大学艺术馆、纽约州圣约翰博物馆、底特律美术馆五处巡展，为时约近两年。我抵旧金山时正在布展，我们便应朋友之邀先去大峡谷观光，佳士德鉴定专家黄君实偕行。未见纽约，先看西部荒漠，未见画廊，先看赌场。大峡谷大而无当，远不如云贵高原崇山峻岭之气势。评论家高居翰及李铸晋等参加展览的开幕与晚宴。参观展览的洋人较多，遇到几个专门赶来展厅的洋人，目的是找我鉴定他带来的我的作品，水墨画，是中国买的，有香港买的，有真的，有的是荣宝斋的木版水印。

有友人劝我们留下不归，可代为安排一切。当我年轻时，通语言，熟悉巴黎，尚未恋其梁园，如今大半身已埋入故国黄土中，更拔不出来了。

我们飞往东岸纽约、华盛顿、波士顿，主要是看博物馆，欲阅尽天下名画。波士顿美术博物馆藏中国古代书画著名，藏品虽多，但展出的不多。负责人吴同介绍，日本人投资正在扩展装修日本馆。明治维新时，许多古老的日本画被抛掷出来，颇似打倒孔家店，因此波士顿获藏不少，今日日本人悔矣，故出资在西方保护其国宝。而我在东京博物馆曾见当宝贝珍藏的西方绘画，不过是些二三流以下的东西，托崇洋之福高踞东土。纽约大都会博物馆有一件庞大的中国展品，曰《明轩》，那是美国人自己出钱克隆的苏州网师园一角殿春簃，殿春簃无水，无水则失江南园林之魂，不知是谁拍板选定了这无水的园林一角。而在美国的不少日本式园林，据说是日本人自己建造的，他们将日本式园林建设在美国土地上，让人欣赏日本风光。唐人街虽有点像中国租界，熙熙攘攘都是中国人，但其地位远不同于昔日上海的外国租界，甚至相反。

美国画画幅均大，出了博物馆便难找归宿。今日世界上似乎大画成风，大都为了展出时凸现身手，这些画件除博物馆收藏外，展毕便成废物。而博物馆里这类废物亦多，建多少博物馆亦容不下太多的废物，应建一个超大的废物博物馆，容雄心勃勃的画作进去一展，然后归入废物处理场。蓬皮杜博物馆的展品不断更换、淘汰，必然需要无穷大的仓库——废物处理场。作品之优劣不决定于幅面之大小，弗尔美的作品最小，其价值重量非高个儿大汉能超越。无论卢浮宫、大都会、伦敦国家画廊，观众最密集的还是印象派及其后的并非以大惊人的作品。我国媒体爱宣传最大、

金桂花　　96cm×96cm　　1977年　　宣纸·水墨

绍兴河滨　　61cm×46cm　　1977 年　　三合板·油彩

碾子　46cm×36cm　1980 年　三合板・油彩

黄山　70cm×70cm　1980年代　宣纸·水墨

最长、最……的作品，我对"最"很反感，华君武作过一幅漫画，以晾晒的长长的老太婆的裹脚布比之某些自夸最长的画作。有出息的年轻画家，力求艺术质量之提高，丢掉以大占位的包袱，人们大都习惯于在平易合适的距离欣赏造型艺术，日本画小幅多，是适合其居家生活环境的，艺术的最大出路是结合人民的生活与感情。

我只在美国逗留两个多月，便匆匆去东京赶巴黎博览会的开幕。在美国的展览巡回需一年半以上，由作品去巡回，我走了。

戎马倥偬，不断在国际上的花花世界奔忙，不无厌倦感。于是偕王秦生去晋北河曲，由他向导，找黄土荒漠之典型地区，石鲁确曾表达了这里的特色。山土被雨水冲击，满山皆沟壑，颇似老虎斑纹。若那山形似巨大动物，或伏或卧或昂首或回顾，沟壑随之，便活生生绘出了虎之群。我到黄土高原的第一感受便是面对了壮观的虎群。千万年来，虎群孕育了炎黄子孙。我看过黄土高原，引起了画老虎的欲望，画过老虎，再画高原，我称之谓老虎高原。回忆在昆明滇池看西山，都说那山岭像卧美人，头、胸、腿、脚，身段优美。有一次在课室中，我将模特儿卧倒近乎山岭之起伏，同学作业中的腿写实模特儿，大都感觉短，不舒畅。我以西山卧美人为例谈错觉，说他们作业中的腿短了五百公里，他们很快领悟绘画中的气势与神韵。因之后来到苏州园林画太湖石时，石之形中隐隐体现着人体之伸展与蜷缩。

我和王秦生在贫穷的山沟赵家沟睡同一土炕，朝暮相处，似又回到了下放李村的劳动岁月，那时我们也曾睡同一房东家的土炕。俱往矣，未往也。我们晚间访老乡家，此处老乡比彼处老乡穷多了，只有十块钱的积蓄，便将之藏在壁洞里，表面糊上泥巴。乡里干部为我们的到来宰了一只羊，当地有名的柏子羊，因吃了柏叶之故，味美，我吃了，甚内疚。

人，穿戴衣冠，士、农、工、商、兵与官，我都不敢画，怕丑化。自从画了那个"麻子"女老师，便连自己的家人也不敢画。但画过不少藏民，他们美，他们的形象具特色，别人也不辨我画中人物的美丑了。此外，画过一幅岳父的像，很成功，既像又具造型美，全家满意。这因他本人浓眉、大眼、厚唇，是理想的老人风度，激发了我的画意。我这幅唯一优秀的油画肖像，却被我岳母在"文革"中毁了，因岳父系地主成分，岳母怕留着地主丈夫的遗像贻害子孙。脱尽衣冠，赤裸裸的人，没有了社会属性的人，属于造型领域中的模特儿，我半辈子在赤裸裸的人体中探寻造型规律、神韵与节奏。一部西洋美术史几乎是人们对人体审美的发展史。跨入90年代，回顾四五十年代的课业，苏弗尔皮老师的教益，但作品却一件也没有了，包括人体速写都在"文革"中毁尽。于是借工艺美院一间教室，我自己雇模特儿，由钟蜀珩陪着画了一个月人体，我是想梦游学生时代的巴黎课室，看看当年自己作业的面貌。然而生命不能逆流而返，我今日的人体中已融入了风景意味，难见旧时的原型了。后来将这些人体作品印集，题"夕照看人体，谁看白首起舞"！

香港在不断拆旧街改建新楼。1990年，香港土地发展公司邀我去绘将拆除的旧街，妻偕行，为时一月余。我成长于旧社会，惯看旧房旧街，日久生情，常爱画古宅老街。土地发展公司老板也爱惜这些老街，但任务在身，不能不拆，他半开玩笑说：画下这些将消失的美丽老街，为我赎罪吧！如果说香港的中西结合的特色引起我作画的兴趣，则探索表达这一特色的语言却煞费心机。屋漏痕的笔墨、中锋或侧锋的苔点，已与今日香江无缘；莫奈的大街、马盖（Marguet）的码头，也都套不上20世纪90年代的东方闹市；香港老街的狭窄与密集似乎有些邻近郁特里罗的小街小巷，但又全非那种淡淡的哀愁的情调。现代建筑的直线、大弧线、素净的面、穿凿的道、锋刃的顶……是交响乐，是龙虎斗，是杂乱的篇章……由画家自己去组织自己所见的斑斓人间。人间，不爱高楼爱人间，我作了幅油画《尖沙咀》，画外话：红灯区、绿灯区，人间甘苦，都市之夜入画图。我爱通俗，通俗与庸俗之间往往只一步之遥，琼楼玉宇的香港充满着庸俗与通俗。最入画的是即将拆除的"雀仔街"（康乐街）、李节街和花布街，亦即土地发展公司老板同样认为布满了时代烙印的历史遗迹，他一面惋惜，故请我用艺术来表现她们永恒的风采！香港弹丸之地，因争夺空间，成了全世界最大的建筑博览会。老巴黎

吴冠中速写《康乐街》

保住了，新巴黎拉德芳斯从老巴黎延长出去，造型的发展与历史的延伸同步，得天独厚。在这方面，我国的问题大，保护文物建筑或力主发展都是硬道理，但两者必然矛盾。无奈我们的砖木结构建筑不争气，经不住岁月的考验，自己不断坍塌，未老先衰。

2003 年

年龄飞升,看寰宇块垒

妻自从在公共汽车上被人叫老太太后,我们无疑已进入老伴阶段。她退休离开办公室后,伴我走江湖,参观世界上的著名城市,开了眼界。居家自己做饭,孩子们都已成家分居,平时只我们两人生活,做饭也简单。

1991年早春,有一天她买菜回来,半途头晕,在路边坐着休息,回家后仍不好转,晕且呕吐。第二天,乙丁回来帮忙送301医院,因该院一位名大夫是相识,凭这点关系留院观察,无病房,临时在楼梯下架一床,时病人已感天旋地转,不能吃喝。我以我背支持她坐起来喝水,喝一口水便满身是汗,看来形势严重。CT检查尚未血栓,但显然是脑血栓症状。用维脑路通等药物点滴几天后,病情缓解,能起床走几步,考虑等床位住入神经内科病房治疗。但那位年高的名大夫认为可出院回家了,他是好意,是感到住院条件太差呢,或他其实对此非内行。我们当然信他这位相识的大夫,他应是为我们着想的。回家后两天,病情急剧恶化,名大夫也着急了,他带着他昔日的学生,今日神经内科真正的专家曹起龙大夫一同来家诊视,曹大夫一看,说立即返院急诊,再用CT检查,脑血栓已形成,且栓在要害部位,有生命危险。从此我们家陷入恐慌中,儿子、儿媳轮班去301医院守护,小孙孙也闹着去,不让去,因奶奶的脸和嘴都歪了,孩子们见了会惊哭的。用了不同的药物,只知有从毒蛇提炼的酶。也请了名中医来诊治,他背后对我说这属三大恶症之一,摇头表示难治。请了女护士整日守护,我奔走于劲松与301医院之间,此情此景见《他和她》，我不再回忆。经过几个月的治疗，老伴一天天好转，上天知道我们相伴的岁月不够，补她年寿。

她回家了，女护士也跟来我家当保姆。其时法国文化部授予我文艺最高勋位，我将勋章给她看，她淡然，小孙孙先抢去看，她只说：你也真不容易。

老伴在逐步康复，开始在室内练习走步，我将画室里的大案拆除，腾出地方让她学步，我只在室之一角用小画架作小幅油画。一日，我正作画中，她居然倒了一杯热茶战战兢兢送到我面前，我感到喜悦与悲凉，回忆遥远的往事，追溯梁鸿与孟光。大夫说脑血栓治愈后第一年内的复发率有百分之六十，以后逐年减少。我们分外小心，一直未复发，但仍有后遗症，左眼总不舒服，睁不开。中学时代的她，眼睛是全校最美最亮的，如今老用手按抚那只病眼，不是眼有病，是由于微血管不畅，供氧不足，当她睡倒，地心引力减弱，便舒服多了。反正，她生活得不完美了，她常自慰，在病前已看到了外面的世界。十二年后她病复发，住院昏迷一个星期，医院发了病重通知，但竟又奇迹般复活了。当她昏迷期间，同室的病友评议她：这老太太年轻时一定很漂亮，看她那双大眼睛和双眼皮。

我的知名度渐渐被人利用。我有些老学生，辛辛苦苦在艺术中拼搏，少数已在美术界立住脚跟，大都默默无闻，生存维艰。我想为他们举行一次师生画展，利用自己的知名度，嫁出自己抚育过的老闺女。在艺术学院任教时的学生，老伴全认识，甚至比我更熟悉，因都要向她借画册，她的善良和耐心博得全系同学的赞誉和尊敬。她一向认为多一事不如少一事，但这回她却竭力催促我举办师生展，并为参展人选问题提意见。后来师生展在历史博物馆开幕时，她已病倒住院，参展和参观展览的同学们要到医院去看她，我们不让，地址保密，但钟蜀珩还是一人独自前去找到了病房，在窗外偷看了情况，哭着离开了。

同学们对她比对我更亲，她总批评我对同学对同事太严肃。也许她有理，但在艺术上，我永远是严肃的。我原意将展览定名为"叛徒画展"，学生在艺术上对老师不可亦步亦趋，可以，应该，鼓励，有背叛老师的思想和胆量。开始，大家为"叛徒画展"的命名鼓掌，但后来冷静下来，"叛徒"这个可怕的名词将引起麻烦，为免惹是非，平安展出，妥协了，套用了毫无内涵和性格的"师生画展"。吴大羽老师说：贼（害）人者常是师，信人亦足以自误。教过我的老师为数不少，我能全信他们吗？1995年，香港艺术馆举办"二十世纪中国绘画展览"及研讨会，包括主题展

2002年3月，吴冠中在香港艺术馆举办个人画展

"二十世纪中国绘画——传统与创新"及两个专题展"澄怀古道——黄宾虹"和"叛逆的师承——吴冠中"，我衷心感谢赐我这项桂冠：叛逆的师承。

  记得1979年中国美术馆举办我的首次个展，中央电视台录了像，我很高兴，后来他们提出要求我作什么画，我没答应，因此录像就不播，录像带洗掉了，从此我对电视台的活动不参加，很反感，太丑了。90年代初，几个老学生劝我上太行写生，我乐意前去。临出发在北京站集合时，才知他们预约了中央电视台的摄制组随行。我很不高兴，他们一再解释，是电视台主动要求的。你不通知，人家怎能知晓？须知，我作画是不愿人看的，何况我早对电视台有成见。他们一再保证摄制组绝不干扰我的工

作，这种保证是废话，但事已至此，老伴常劝我做人不要太过分，只好勉强对付了。但这次行程中，我发现孙曾田是有智慧，且是为艺术而忘我的工作狂，我们有了共同语言，在环境艰苦的太行山中，彼此看清了对方。后来孙曾田随着我地面的脚印，想超越空间，追向时间，一直追到我的童年去。有志事成，终于我们到宜兴我农村的老家去拍摄半壁残墙犹存的旧居。游子归来，父母早亡的现场被老乡们围观，观众中有人为我父母之死叫屈。我们去竹海，去周庄，孙曾田竭力在镜里招魂，虽毕竟不易再现我笔底的故土风貌，但他追捕了最接近原型的记录，我也愿与他协力寻觅消逝了的岁月，消逝了的生命。

1991年，华东空前大水灾，呼救声急。其时我的画价相对较高，且市上难求，在大家捐款、捐物、捐画的热潮中，我考虑到捐画。我曾为修长城及拯救威尼斯、协助残疾人协会、扩大潘天寿奖学金……义卖作品捐款，但次数并不多，因要求捐画的方面太多太多了，既怕款并不能落到真正需求者手中，更怕画卖不掉，等于骗人。这回我向组织这项活动的新华社说明，画未卖掉前不要发消息。我选了那幅源于周庄的水墨画《老墙》捐出，画很快被一位香港人士以五十万港币买走，款直接公开交民政部副部长接受。媒体报道这是个人捐款的最高额。后来我到周庄，周庄也知道这破墙卖了五十万之事，并告诉我那破墙早拆掉了。捐画后，我不断收到一批批挂号信要求赐款救济：有家里失火的、有病危的、有负债将自杀的……人间灾难本来永无止境。

钱引人堕落，画居然也推人入狱。《北京周报》××周年纪念，索画祝贺，我贺了，贺画发表在当期刊物上。若干年后，我在海外看到此画，画上贺《北京周报》××周年的题词犹在，真是有失《北京周报》之体面。返京后，我直接与《北京周报》领导联系，他们查出此画由美编借出，美编说是吴冠中本人借去出版了，但那应请吴先生留下收条，美编说吴先生已去香港定居，无法联系。弥天大谎，破案在即，美编改口说画已找回，他依照印刷品复制了一幅伪作，领导给我出示伪作，不知后来他们如何发落这位年轻的美编，我却为给公安局填表、签名等等花了不少工夫。这是一幅小画，另有一幅大画的故事。住在湖南宾馆作巨幅油画《韶山》期间，宾馆要求为他们大厅画一幅水墨《南岳松》，大于一丈二尺。十余年后，湖南省政协会议在湖南宾馆召开，一位有眼力的政协委员发现那幅《南岳松》是伪作，于是宾馆领导查案，是内部一位能画的职工仿了同样尺寸的伪作，于夜间换下了原作，竟无人知晓。画尚未脱手，于这位职工家搜出了原作，人们估价一百万元，作案者入狱了，湖南的报纸、电台均做了大量新闻报道。作案者的律师、家属，均来京找我求救，我未接见。后作案者在牢里写来一封信，说他如何如何爱我的作品，又将如何改悔，但愿他说了真话。

80年代住劲松时，一日，不速之客敲门，说他代表几位对越反击战的战士给我一封信，交了信便匆匆离去。信内容是这几位前线归来的战士，要我为他们画数件精品，否则小心我及家人的安全。我立即请学院保安处向公安局报案。公安人员来家详细讯问后，便认真工作，做了模拟图像让我们辨认。不久后的一天，公安局来电话，说他们立即要到我家蹲点。接着几个公安人员进来，说今天作案者可能光临我家，叫我们一切照常生活，不要怕，但我家小阿姨早已发抖了。公安人员不时用大哥大与外面联系，那时大哥大是新事物，个儿大，不称手机。过了大约两小时，公安人员听完大哥大，高兴地说，好了，盗贼已在中途被捕，于是他们急急撤离。后来才知钱绍武收到的恐吓信及子弹，原是同一人所为，此人早有血案，这次落网被枪毙了。

偷画、盗画令人犯法，则以画送人总是美意吧！"文革"在李村下放劳动期间，那位指导员蛮横无理、满嘴脏话，谁都讨厌他。相对地说，连长就和蔼多了，有困难和意见愿向连长反映，大家有意高唱好连长！好连长！其实是反衬指导员之可恶。连长有闲还同我们拉家常，同情我们妻离子散的境况。下放结束，我们返京，连长也复员到江南某县城被服厂当了书记，并给我们来过信。我立即给他复了信，并附了一小幅我的江南题材水墨画作为留念。连长回信说收到了画，是千里鹅毛，以后他要到北京找我们玩。很久以后，我在香港的拍卖目录上见到了这幅所谓千里鹅毛的画，我估计别人以极低廉之代价收购了这幅画，甚至只用某种电器便换走了。再之后呢，一日，连长突然到了北京，敲我劲松住家的门，背了一个麻袋般大的包裹，满头大汗。事先全无联系，居然能找到我家，如果我外出了呢，我真为他委屈，赶快请他进屋休息，沏茶慰问。互道了近况，一番虚话之后，文化不高的连长直截了当说要一幅油画，同时显示大袋里装的全是床单、毛巾被之类，我连忙推辞，他说是自己厂里的产品，小意思。待他确知我无意再赠他油画后，他只得告辞，便听我的话将大袋背了回去，还得出一头大汗。我以千里鹅毛拂掉了心目中的好连长！我写了一篇《点石成金》，谈的就是以画毁掉友情的苦涩故事。

1992年3月至5月，大英博物馆举办"吴冠中——一个二十世纪的中国画家"展。大英博物馆有一个中国展厅，展的都是古代书画、雕塑和文物，为展一个现代中国画家的面貌，这些珍贵的古代艺术暂时让位给子孙。我学生时代利用暑假到大英博物馆参观，特别细看了顾恺之的《女史箴图》，陈列这手卷的位置今天展示我的一幅半抽象的长卷《汉柏》。德群夫妇从巴黎赶来伦敦参加我画展的开幕，我们都想再看《女史箴图》，馆方同意让我们看。那国宝作品暂安置在图书馆内一个高台上，我们爬几级台阶上去看画，因而后退余地甚狭窄，要看画之下部时，我和德群自然而然就跪下细读了。这个子孙跪拜祖先的真实场面，有人想拍照，但此处禁止摄影。

我的展厅的对面，正展伦勃朗的素描回顾展，沾他的光吧，两边观众甚多，但我注意到，也有少数观众看过伦勃朗后，见这边是中国画家之展，头也不回就离去了。当我们在馆门外的大横标前照相时，聚了些人，一位牵着狗的老太太前来看究竟,当她知道为这位中国画家照相时,她特别热情地与我握手,说她看过展览,太喜欢我的作品了!我想她听懂了下里巴人。开幕后两天,下午,雨,馆方通知我不

20世纪80年代,吴冠中在大英博物馆举办个人画展时与朱德群合影

要离开展厅,说有一位重要的评论家将从巴黎赶来。他就是《国际先锋论坛报》艺术主管梅利柯恩(S.Melikian)。他披着雨衣赶到我的展厅,馆方的负责人等都十分重视他,但彼此没有什么客套,他两眼直射画面,英语翻译紧跟着他,他偶然发现我讲了法语,立即不用翻译,要直接用法语同我谈,我说法语已生疏,他说无妨,坚持要直接谈。于是他劈面便问:你离开欧洲数十年,首次回来展出,伦敦是你的首选之地吗?我答,不是,是巴黎。他点头首肯。我接触到的西方著名评论家,如苏立文(Sullivan)、高居翰(Cahill)、巴哈(Barnhart)等等,都是专门研究东方艺术尤其中国艺术的专家,梅利柯恩似乎并不迁就中国特点论中国艺术,他站在国际论坛上一视同仁地对待各路艺术,后来读到他的评论文章,他敢于肯定和否定,毫不掩饰自己的观点,正如他谈吐时鲜明的态度。不久,他在1992年4月4至5日的《国际先锋论坛报》上发表了题为《开辟通往中国新航道的画家》的文章。我有点惊讶他开头便说:

发现一位大师,其作品可能成为绘画艺术巨变的标志,且能打开

通往世界最古老文化的大道，这是一项不平凡的工作，也许为此才促使东方文物部的负责人罕见地打破大英博物馆只展文物的不成文规例。

凝视着吴冠中一幅幅的画作，人们必须承认这位中国大师的作品是近数十年来现代画坛上最令人惊喜的不寻常的发现⋯⋯

其他《泰晤士报》等虽也不少评介，但梅利柯恩的旗帜最鲜明，且因其本人地位的重要性，我的这次欧洲之展无疑引起了关注，BBC也做了电视报道。我将牵狗的老太太与大评论家联系起来，将下里巴人与阳春白雪联系起来，又回归到风筝不断线的思考。伦敦之展受欢迎，英国王储来剪彩等礼遇，并没有抹净我1949年在伦敦公共汽车上受辱的烙印，潜意识中仍有雪耻的心态，但我们的现代文化还未能超越人家。我最爱看第八展厅，那是陈列希腊帕特农神庙精华的专厅，全世界崇敬的古代艺术的专厅。希腊外交部一直与英国交涉要索回他们的国宝。索回国宝有理，何况是祖先的家庙。但从宣扬艺术品的价值讲，大英博物馆对这些人类珍宝的卫护与传播是有功的，我们的《女史箴图》等等也一直处于养尊处优的位置。如果只能到原地去看原物，则能看到原物的人群必然大大减少了，因而珍宝长期展出于重要的世界性博物馆，对发挥珍宝的作用当是积极的。大英博物馆不收门票，大、中、小学生、学者专家们随时出入研究，那是一所独特的大学，如收门票，门票高了，这大学的功能便也随之减退。至于原物

1992年，吴冠中与苏立文交谈

主要求退还原物,是否可考虑以文物交换作补偿,同时起了文化交流的作用。我们那么多兵马俑,用少量去换一些西方重要艺术品,不算卖国吧!纽约人、美国人来参观苏州园林的有,但少,而进大都会博物馆看《明轩》的多,可惜那《明轩》不理想,不足以显示中国园林之精粹。梧桐树高凤凰来,当我们北京等大城市建起一流博物馆,不仅展示中国艺术家的真正杰作,国际大师也将以被中国收藏为荣,那时候,中国的文化,尤其现代文化,才称得上与国际接轨,分庭抗礼。我自己虽不算今日重要作者,1988年为北京饭店作了300×1500公分的巨幅《汉柏》,在大宴会厅陈列过多年,宴会厅改装修后,今不知搁置何处,我时时为之心疼,这是我最大的代表性作品,估计不会有好下场,当年曾有国外单位和藏家想收购这巨幅,当然不可能,但我内心却愿意让她嫁到能展示身段的地方去。人生短,作为作者,我是看不到自己作品在自己国家的命运了。

  首次回来展出,伦敦是你的首选之地吗?梅利柯恩的第一句问话就触到了我的要害。我想展画于巴黎,巴黎人能从作品中听到几许乡音吗?那边的共鸣应大于伦敦。然而店大欺客,巴黎的重要博物馆不会接受今天的我,我又不愿到商业性画廊展出。还是由于德群夫妇的中介,专门收藏东方艺术的市立塞纽齐博物馆愿举办我的个展。从规模名气讲,塞纽齐不及另一家东方艺术馆吉美,我去过多次吉美,因伯希和取走的敦煌文物都在吉美,而对

20世纪90年代,吴冠中在法国巴黎塞纽齐博物馆与好友朱德群、赵无极等在一起

塞纽齐的印象不深，但塞纽齐是严肃的博物馆，举办过林风眠、吴作人等中国当代艺术家展。路只能从脚下起步，我决定先到塞纽齐展出。馆长波波小姐本人是研究东方文物的，她提出对展品的要

吴冠中创作于1993年的《人体》

求，大英博物馆展过的他们不展。我很同意这样具个性的选择。展品均由可雨从新加坡直接送到巴黎，省了路途保险费并妥善而快速。展期一个月，后延至两个月。波波原约定希拉克市长剪彩，后因选举大事希拉克无法出席而由别人替代，并代授予巴黎市勋章。开幕过后，平时观众不多，除了卢浮宫和奥塞，巴黎的艺术馆和画廊参观的人都不多，画廊门可罗雀，推门进去只自己一人，店员来招手，有点尴尬。对艺术，巴黎人是骄傲的，各自有独特的见解，有人大骂当代艺术，说这是与人民隔离的柏林墙，要拆除柏林墙，确乎有人在拆，仍有人在筑。我的展览有些报刊报道，但并不多，不及伦敦如引进了新事物，在巴黎什么也不新，无所谓新旧。但对真正的大师、公认的大师，大家总是承认的，我记得1949年参观威尼斯双年展，法国的展厅就以两人代表：勃拉克和马蒂斯，压倒群芳。记得大概是"文革"后期威尼斯第一次吸收中国参加双年展，中国送展的竟是剪纸，真是对"最是民族的就最是世界的"肤浅的曲解。

巴黎之展，可雨、于静（儿媳）、吴言（孙子）一家及乙丁同行，老伴病，去不了，她说她都见过，哪儿也不去了。我们一家租了个公寓，生

活还方便。带着儿孙参观卢浮宫，感触良多，我曾费九牛二虎之力攀登的圣殿，今天小孙孙轻易就进来了。卢浮宫人山人海，歧途多，总怕吴言丢失，随时注意他。到底还是丢失了，来回找，最后发现他随一群洋人坐在地上听导游英文讲解，他能听懂英文，吸收能量大，且对展品发表自己的品评，不是走马观花，他的旅程比我缩短了几十年。

国内正在炒潘玉良，从妓女到国际名画家，从传记到电视，我很反感。四五十年代，潘玉良住在一旧楼的顶层，五层，木头楼梯咯吱咯吱响，我们星期天有时买些水果点心去看她。这位大姐很豪爽，作品也很男性，接近野兽派作风，但品位平平而已，她用毛笔勾勒的女体格调不高，看来是为谋生而作，我国驻巴黎领事的女儿跟她学画，使领馆有时买她点画帮助她，显然她的生活是艰难的，用水要下一层楼去提，我们都帮她提过水。但她倔强、正直。我劝她是否可考虑回国教书，她说徐悲鸿在世她不会回去，她同徐曾在中央大学同事，历来观点对立，矛盾大。郁风是她当年的学生，郁风说，徐悲鸿的教室学生多，很挤，故她选了潘玉良的教室，人少，摆画架很宽敞。五六十年代间我在北京艺术学院任教，在"百花齐放"的政策下我和卫天霖商议聘她回国任教，我去信告诉她徐先生已故，问她是否愿回国到艺术学院任教，她回信说考虑考虑。接着1957年反右，决定了她魂断巴黎的归宿。塞纽齐亦藏有潘玉良的作品，我因已找不到潘玉良的门庭，便请教波波馆长，她答：不仅房子拆了，那整条街也拆了。

饮水思源，我很怀念苏弗尔皮，是他引我进入了西方造型艺术的门庭，这位四五十年代巴黎美术界的巨擘，今已很少人提起，几乎被遗忘了，现代博物馆里他的作品被撤下了，夏依奥宫的大壁画也未找见。德群帮我一起找，向人打听，书店寻他的画册，都无所获，人一走，茶就凉，艺术的淘汰如此无情，如此迅猛，我为他叫屈。后来一位春季沙龙的负责人送我一期春季沙龙的展目，是纪念苏弗尔皮的专刊，封面是他的作品：《母与子》。

从巴黎返京后不久，全国政协秘书处通知我，说李瑞环主席将出访芬兰、瑞典、挪威、丹麦、比利时，想邀我作随员之一，征求我意见。政治领导出访，李主席首创带艺术家随行，后来并照例执行过几次。我欣然同意，既可见见外交场合的访问，又可欣赏北欧国家的风光。但我心里更有一个疑团待解开。"文革"末期，我系有教师介绍驻丹麦大使秦加林先生来访，秦先生酷爱艺术，我出示几幅作品，他的品评都很内行，但当时不敢多谈，唯恐有里通外国之嫌。几天后，那位介绍的教师传言，秦大使很欣赏我的作品，问能否为驻丹麦使馆作一幅画，让丹麦人看看我国油画的风貌，只是使馆经费不富裕，付不了稿费。我考虑后，便无偿给作了一幅油画《北京雪》，就取材于我当时的住处什刹海之雪。画成交付后，对方赠了一个西德的瓷盘，出自名家之手，虽小却精美，至今挂在我家。随李主席的出访第一站到芬兰，第二站到斯德哥尔摩时，使馆一位参赞对我说，他曾当过多年信使，当他当信使时曾在丹麦使馆见过我一幅油画。一下落实了一个大问题，我的作品是到了丹麦使馆无疑。但事隔多年，后来的命运呢，仍是一大疑案，如至今安然，则其质量还过得去吗？母亲对流落的孩子的关怀真是超乎常人的想象，此事我压在心底不敢先对人说。到了丹麦，到使馆活动的要紧时刻我恰恰因故缺席了，只赶上到大使官邸的晚宴。席间，李主席问大使，你们客厅内挂着吴冠中的一幅油画，你知道吗？大使茫然，问别人，都茫然。我心跳加速，恨不得立即返使馆客厅去一看究竟，但礼节和行动上都不许可。第二天，我找个空隙专车去使馆客厅，那幅《北京雪》确乎挂在客厅不显眼处，作品质量和保存状况也不差。其他装饰品大都为瓷器、贝雕之类。我问工作人员此画是谁作的，都不知道，有说大概是一位青年画家的作品，画面上只在树的根部签一个红色的荼字，这是我的习惯，偏偏李主席在匆忙中发现了。我深感李瑞环对艺术是有心人，他维护过不少年轻书画家。我第一次接触他是他领导建设首都国际机场时，机场的全部装饰画由中央工艺美院成立一个小组承包，分配给我的任务是为西餐厅作一幅六米宽的油画《北国风光》，表现雪里长城。我先认真用三合板作了油画稿，稿宽亦一米七左右，是幅完整的作品。那时听过李瑞环几次报告，讲得极生动，解决实际问题，他对装饰画组的工作也大力支持，大家对他印象深刻。我作完画很快便离开了机场，装饰画组工作结束时欲将我的那稿以小组名义赠李瑞环作纪念，我同意了。岁月流逝，人海沉浮，我与李瑞环也无缘见面，后来他进入中共中央政治局常委，更无从知晓我的画有没有被送到他的手中。当他到政协任主席时，有了见面的机会，才知他确实收到了画，并利用他木工的巧技与眼力，配了一个合适的框子，并邀我在画的背面写了一篇记述作品来龙去脉的跋。

假画像耗子一样多起来，而且耗子过街都没有人叫打了。1993年，上海朵云轩和香港永成拍卖公司合作在香港的一次拍卖中出现了一幅《炮打司令部》的伪作。查《人民日报》，1967年8月5日头版套红发表了《炮打司令部——我的一张大字报》。当时，中央工艺美院学生王为政便以此题材创作了一幅水墨画，表现毛主席执笔刚书就之态，背景是毛泽东的书体：炮打司令部——我的一张大字报。当时作画是不许署名的，因江青说过，农民种地，工人制产品都不署名？作幅画还署自己的名。所以谁作画也不敢署名，何况是这样重大政治题材的画。印章也不能用私人名章，王为政为此作品专刻了一章"扫除一切害人虫"。作品署名的事也有一特殊例外，那就是《毛主席去安源》，那作者系王为政的同班同学刘成华。本来，照例，也没有署名。江青痛恨有一幅出名的油画《刘少奇在安源》，是侯一民所作，今出现《毛主席去安源》，如获至宝，便大加赞扬，大量宣传，并破例要标明作者，以示真实。解放军画报社仓促间打听作者是谁，打电话到工艺美院，电话中将刘成华误为刘春华，成万上亿的刘春华印刷发表到了全国，域外，刘成华从此改造成刘春华了。《炮打司令部》和《毛主席去安源》在全国性展览中并肩展出，《炮打司令部》的发

白樺林　　60cm×40cm　　1981 年　　麻布・油彩

交河故城　　102cm×106cm　　1981年　　宣纸·水墨

高昌遗址　　101cm×105cm　　1981年　　宣纸·水墨

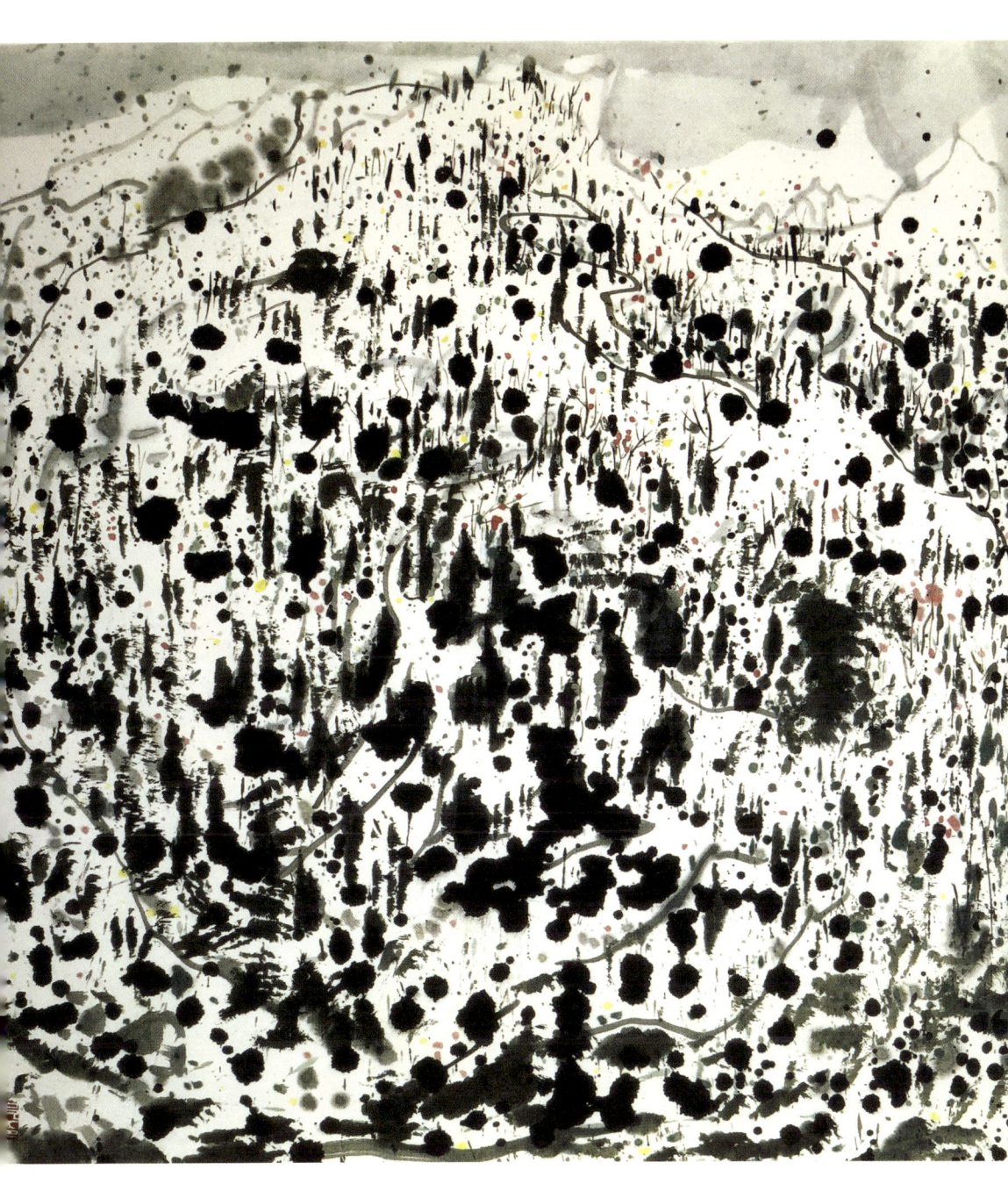

春雪　70cm×70cm　1982年　宣纸·水墨

表量也不小，被用作《中国建设》杂志的封面及织锦等等。事隔数十年，巨幅原作已不知所终，今出现的小幅伪作系依照复印品临摹的，除技巧拙劣外其他一概照虎画猫，只加了一行款：吴冠中画于工艺美院一九六：年，进入官司后被告方说是1966年，那两点是重复号，他们尚不知《炮打司令部》是1967年发表的，未发表前就作出了画，这样的官司还须争辩吗？官司前先通过文化部市场司通知朵云轩那是假画，该撤下，对方不理，仍以五十万港币拍出，并由媒体宣传吴冠中的领袖画像又创高价。由工艺美院代我起诉，大家认为这不值一驳的事实当很快判决。人们，善良的人们，正直的人们，大家都想得太简单了，这一官司闹得沸沸扬扬，竟拖了三年，最后判决是伪作时，被告拒不执行判决，上海市第二中级人民法院于1996年9月10日在《人民日报》及《光明日报》登载了公告，宣布此案经过与结果。法院也说这是首例假画案，首例案的结局无疑给制、贩假画者开了绿灯。今有勇士、义士打假，邀我参加，我不积极，有人批评我哀莫大于心死。一寸光阴一寸金，我已黄金万两付官司。

从官司中，人与人斗中，你将看到人之伪，人之丑，人之刁，人之奸，人原来如此不可爱，我失去了美感，失去了美的心灵，失去了艺术创作的欲望。为填补我生活的巨大空虚，我开始读早年想读而始终未读懂的《苦瓜和尚画语录》。艺专学生时代，崇拜石涛，几次读先辈们注解的画语录，注解只是词汇的注解，画语实质所指，仍如天书。这次，我找来几家的注释本，对照着读，弥补自己对古汉语的功力不足。我想，只要读懂词句，跨越语言的障碍，对石涛发自内心的艺术观点与见解我当不难窥其隐微。这种独立作者的独立心得，年轻时体会不到，今年过七旬，再麻木不察，此生从艺真枉然了，这样一部民族经典的画论，人人皆曰好剑好剑而总不出鞘，锋芒何在？终于，我还是读明白了画语录是石涛对攻击他作品里没有古人笔墨者们的反击，同时阐明了他的艺术观与创作观。全书的焦点是"一画之法"。何谓一画之法，众说纷纭，似乎石涛设了个谜，其实石涛明明白白做出了明确的解答。第一，他特别强调感受，特设尊受章，突出尊重自己的感受。第二，他说一画之法是自他创造的，则他以前所有的画法都不存在了！第三，他的一法贯众法。越说这一画之法越玄，无法理解了。其实，其逻辑性很强。我的归纳：作画先凭个人感受，根据感受创造表达这种感受的方法，因每次每人的感受不同，故每次用的方法不同，这样产生的方法即谓之一画之法，一画之法是谈对法的观念，反对的其实就是固定的老一套死方法。所以他说：无法之法乃为至法。这个至法就指一画之法，已说得清清楚楚。《我读石涛画语录》由荣宝斋出版后，一印再印，颇受欢迎——我想发挥这部名著的作用，以有助于年轻人理解传统中的精华。

我发表过一篇短文《笔墨等于零》，开宗明义：脱离了具体画面，孤立谈笔墨的价值，其价值等于零。我敲警钟，是针对将笔墨的优劣掩盖艺术本质的优劣，而所谓笔墨优劣的标尺又只是依据传统中某些类型笔墨形态的优劣。我强调笔墨属于技巧，技巧只是思想感情的奴才，艺无涯，笔墨的形态无常规。捅了马蜂窝了，卫护传统笔墨者有的根本没有读我的原文便无的放矢说我摧毁笔墨，摧毁传统，将问题混淆到工具本身，有人提出毛笔应列为我国第五大发明。其实我自己同时在用宣纸、笔墨作画，洋人说纸上的中国画没有了前途，我想发展纸上传统，无疑成了一个保皇党。知识分子的天职：推翻成见。我远远没有尽到天职。

许多画展，无须都说，且说1997年台湾历史博物馆之展。到台湾去，就像是去探秘，而手续也比出国难办。文件先进文化部，等一个圆圈，等了好几天，出了文化部，再进国务院台办，出了台办，再进北京市公安局，其间除了双休日，又遇"五一"放假三天。待拿到公安部的出境证，飞香港，拿着台湾官方寄来的入境证的副本，到驻香港的台湾办事处换正本。历史博物馆的记者招待会定在9号，我终于在8号晚赶抵台北桃源国际机场，机场海关扣下我的证件，给了收据，待离境时再凭收据领回证件。

　　历史博物馆刚刚结束法国奥赛博物馆之展出。为了奥赛之展，一楼全部展厅装修一新，我之展享用了现成的方便，展出效果令人满意。开幕时他们选琵琶、笛子、二胡、古筝等演奏来呼应我点、线、面的画面。众多宾客中出现了老友熊秉明，他刚从巴黎飞来参加书法学术会议，馆长黄光男先生请他说几句话，他显得太激动，思维敏捷的秉明却有点语塞。我们一同用青天白日标志的护照出国，今天在青天白日满地红的旗帜下相遇，世事、人生数十年，别是一番感触在心头。排开簇拥的观众，我和秉明在作品前悄悄细语，我要听他尖锐的批评，但好奇的观众偏偏伸长了脖子凑到我们耳边来。

　　记得刚抵桃源机场，有记者问我到台湾最想看什么，我答：看人。在我的讲演会中来了那么多听众，我属手艺人，非学者，讲不出什么，要讲的都在画面中，他们看了画还要听讲，可能也是想看人。不相识的人说，看了你的画与人，两者结合不起来，说我人很传统，画不传统。我深深感到台湾同胞的热情，在飞赴台北的机舱里看到当日的《中国时报》报道：吴冠中今晚抵台。刚出机舱，一群摄影记者便追着摄像，我和可雨向前走，他们超过后再倒退着走，一直拍摄到办进关手续的窗口，同机抵达的外国人投以惊异的目光。我在国外举办画展时当然碰不见这样的礼遇，就是在内地，也不可能，像我这样的画家太平常了。但第一次到台湾，各种报纸在醒目位置频频报道画与人，开幕那天甚至是大标题排在头版，这样的热忱，我只能得出唯一的结论：这里是中国台湾。

　　画展日后要到高雄巡展，我不能久等，便先去高雄看看展厅规模并游览风光。阳光明亮的高雄海滩很宁静，蔚蓝的天，深蓝的海，衬托出岸上白得刺眼的纪念碑，高高的碑上站立着蒋介石的铜像，他孤独，面向祖国，我这才注意到，这是我到台湾后第一次见到的蒋介石像，白色碑座上大书伟大领袖四字，是于右任所书。我被优惠允许参观山间林区，因临近国防禁区。我在林荫道上看到一排排赤膊跑步训练的兵们，个个是壮实的中华儿女，不时还呼喊保卫祖国的口号。这使我想起在厦门参观时，见过同样赤膊整队跑步的解放军，一样的肤色，一样的口号，中华儿女都在保卫祖国。

从台湾归来后不久，又随中国对外文化交流公司赴加拿大多伦多参加"中国二十世纪名家画展"开幕式。这个展览由加拿大保护中国文物基金会主办，为了宣扬祖国的文化，华侨们真是出钱出力，他们联系了皇家博物馆的展厅，举行盛大的宴会，并将到温哥华及首都渥太华的重要博物馆巡展，多难得的展示中国现代绘画的良机！然而，我感到内疚，因展品质量说不上是一流的。谁选的？怎样选？交流公司的负责人又有许多苦衷。

1998年，中央工艺美术学院教师作品在巴黎国际艺术城展出，我亦被邀前去参加开幕。巴黎已不吸引我久留，我乘机约可雨从新加坡到巴黎，陪我去参观荷兰及西班牙，时年七十九，已渐失青年时单骑闯天下的旺盛精力。

荷兰这个小小国度，首先通过了人类必将争得的最基本的权利：安乐死。人无生的选择，当有死的自由，荷兰是人性自在的乐土。这是闻名的花之王国，我并非追花而去，只因有一个魂召唤了我一辈子，就是凡·高。我30年代学画，不足二十岁，对凡·高作品一见钟情，终生陶醉。不可理解，百余年前巴黎的艺坛和人民却不接受他。不喜欢他这个人是可理解的，他表姐残忍地任火焰烧他的手而置之不理，当我后来看到她的照片，典型的一个冷酷的老寡妇。但凡·高的画，情之火热与色之华丽竟得不到共鸣，实在是颓废传统的审美观堵塞了人性之眼目。凡·高对自己的艺术是完全自信的，虽当时他的画没人要，他坚信日后将值五百法郎一幅。他的《向日葵》在日本创出天价时，一位日本友人对我说如凡·高醒来，他将再次发疯。他醒来，他在阿姆斯特丹见到祖国为他建造了博物馆，全世界最亮点的个人博物馆，任何一日，观众须排队购票，已成了荷兰旅游项目之首，几乎全世界都将听到红头疯子心脏的跳跃。艺术，似乎可有可无，艺术，她又使人回归童心，迷恋童心。

　　拿破仑瞧不起西班牙，说过了比利牛斯山便属非洲了。而马德里建了两座巨形而相对倾斜的楼，名曰欧洲之门。无论是欧洲之门外或门里，毕加索发扬了西班牙的民族性。参观他的故居博物馆，最令我注目的是有一展厅专陈列他将委拉斯贵士的一幅皇家族群像用现代手法解剖，重组成无数幅不同意向的变体变形作品，有具象、抽象、黑白、彩绘，他与他的祖先对话，用西班牙语淋漓尽致谈透了绘画之道，将祖先之道用现代语言夸张、演绎，传播给全世界。当我并未见到这一工程前，也曾感到我国古代杰作中的现代造型因素，如周昉作品中仕女的量感美，郭熙作品中寒林的线之结构美，范宽的块面组建美等等，也曾尝试用油彩及墨彩来凸现这些因素，认为从古韵中引出新腔，应是对宣扬传统与发展现代均有裨益的工作，但工作只开了个头，便又搞别的了。其中一幅用油画将韩滉的《五牛图》中分散的五牛集中起来，相互交错，另一幅将《韩熙载夜宴图》中的歌舞伎一段赋予运动感，自题：夜宴越千年，歌声远！

　　我并不喜欢达利的怪异，但感到西班牙确是一个多奇想和富于创造力的国度，巴塞罗那的高帝（Gaudi）教堂是一件独一无二的建筑，建造了近百年吧，她永不完成，随着时代的发展而发展，古典的和现代的艺术样式共融于一个躯体，谁知这位历史巨人将长成什么模样。敦煌壁画有后代作品覆盖前朝画面的情况，除非剥掉后代作品，否则便见不到前朝画面。雕塑或建筑，却能前后时代重叠。我授课时对学生讲过，艺术中的公式是1+1=1，即作品中两个或两个以上的个体应结合成一个整体，《五牛图》中我拟将单独的五牛构成一个整体之牛。医学中分割连体婴儿是不小的手术，艺术中将分开的婴儿结合并只赋予同个心脏，是绝对必须掌握的基本功。高帝教堂这颗心脏将派生多少新生代，人们拭目以待。

　　1998年的暑天，几个友人，多半是昔日的老学生，约我和老伴去坝上避暑，写生。碧草连天，白云蓝天，群山弧线绘太空，清香溢太空。漫道是一片青草地，素面朝天，走近看，杂花满地，细碎的花，以紫蓝冷色为主，间有红黄与赤赭，更有夺目的猩红、嫩黄，分外娇艳，那是罂粟，美在毒中，毒而美，人不察。草地，近看原来彩面朝天，而且天天月月都永葆姹紫嫣红的青春。其实呢，每朵花只开几天，展现了几天的美丽后，她便枯萎，永远消逝，让新绽的花替代了自己。为了维护花草地的月月岁岁鲜艳，谁知有多少花朵献出了自己仅有一次的生命。我喜欢表现花草地，我用油彩和水墨画过无数次野草闲花。我已多年不用油画在野外直接写生了，这些朋友有心要看我写生的全过程，他们悄悄准备了油画写生的全套工具和材料，而且都是新的，引我到这令人陶醉的坝上，等我自己爆出作画的激情来。我画了山野间的一个用白桦树枝围成的羊圈，大家包围着看我从第一笔开始，一直到全幅结束，像要破案似的摄下了动作的全貌及始终。老乡们都挤过来看杂技表演，不断发出评语和赞赏。众目睽睽，我目中无人地作了此生最后一次油画野外写生，廉颇老矣尚能饭否！好汉不提当年勇，却未忘当年苦，已记不清年月，在贵州布依族一石寨写生，因与猪圈为邻，苍蝇成群，我坐在石上写生，儿童围观，有淘气者在后数我背上趴满的苍蝇，并兴奋地高声报数：共八十一只。

20世纪90年代，吴冠中在坝上草原作画

2003年

我负丹青！丹青负我！

20世纪七八十年代以前，我作油画以野外写生为主，大自然成了我任意奔驰的画室，但回到家里却没有画室，往往在院子里画。作水墨画无处放置画案，将案板立起来画，宜于看全貌，但难于掌握水墨之流动。80年代住劲松，才有一间十一平方米的画室，我的画室里没有任何家具，只一大张画案，案子之高齐膝，别人总提问为何案子如此矮，弯腰作画不吃力吗？正是需要矮，站着作画，作画时才能统揽全局。传统中坐在高案前作画的方式，作者局限眼前部位而忽视全貌，这有悖于造型艺术追求视觉效果的创作规律，也正是蔡元培觉察西洋画接近建筑而中国画接近文学的因果之一。中国画的图，《江山卧游图》《清明上河图》《韩熙载夜宴图》《簪花仕女图》，众多的图都是手卷形式，慢慢展开细读，局部局部地读，文学内涵往往掩去了形象和形式的美丑。直到90年代中期，可雨协助我找到了一间近六十平方米的大画室，于是我置了2×4米的两块大画板，一块平卧，另一块站立一旁，作画时平面和立面操作交替进行，方便多了，从此结束了作大画时先搬开家具的辛苦劳动，就在1996至1999年几年中创作了多幅一丈二尺的大画，而我，也老之将至了。

1990年，文化部在北京中国美术馆举办吴冠中艺术展，占用楼下三个大厅，规模和规格都不小，用文化部的名义为一个在世画家举办个展，尚属首例。我应该感到满意，我是感激的，因这意味着祖国对我的首肯，我选了十件展品赠送给国家。但展览结束后不久，人们还未忘却作品的余韵，便有人策划了连续三天的攻击文章，一如"文革"时期大字报的再现，在《文艺报》上发表了。有人告诉我这消息，我听了很淡然。面对各种各样的攻击，我无意探究其目的。过不多久，《文艺报》又采访了我，用凸现的版面为我说了公道话。

我经历了几十年文艺批判的时代，自然很厌恶，但其中情况复杂，具体事件还须具体分析。我想谈对江丰的一些感

1999年，吴冠中在文化部举办的"吴冠中艺术展"巨型宣传海报前留影

受。我被调离中央美术学院时正值江丰任院党委书记，即第一把手，大权在握。他是延安来的老革命，岂止美术学院，他的言行实际上左右中国整个美术界。毫无疑问，他是坚定保卫革命文艺、现实主义美术的中流砥柱，我这样的"资产阶级文艺观的形式主义者"当然是他排斥的对象。但我感到他很正直，处事光明磊落，他经常谈到文化部开会总在最后才议及美术，甚至临近散会就没时间议了，他在中央美术学院礼堂全院师生会上公开批评文化部长没有文化，当时文化部部长是钱俊瑞，大家佩服江丰革命资历深，有胆量。钱绍武创作的江丰雕刻头像，一个花岗石脑袋的汉子，形神兼备，是件现实主义的杰作。但反右时，绝对"左"派的江丰被划为右派，这真是莫大的讽刺。据说由于他反对国画，认为国画不能为人民服务，国画教师几乎都失业了，但这不是极"左"吗？如何能作为右派的罪证呢？详情不知，但他确确实实成了右派。反右后，他销声匿迹了。很久很久之后，前海北沿十八号我的住所门上出现过一张字条：江丰来

访。我很愕然，也遗憾偏偏出门错过了这一奇缘。不久，在护国寺大街上遇见了江丰，大家很客气，我致歉他的枉驾，他赞扬我的风景画画得很有特色，可以展览，但现在还不到时候。纠正错划右派后，江丰复出，他出席了在中山公园开幕，以风景画为主的迎春油画展，并讲了比较客观、宽容的观点，且赞扬这种自由画会的活动，颇受到美术界的关注和欢迎。他依旧是在美术界掌握方向性的领导，观点较反右前开明，但对抽象派则深恶痛绝，毫无商讨余地。大家经常说"探索探索"，他很反感：探索什么？似乎探索中隐藏着对现实主义的杀机。我发表过《关于抽象美》的文章，江丰对此大为不满，在多次讲演中批评了我，并骂马蒂斯和毕加索是没有什么可学习的。我们显然还是不投机，见面时彼此很冷淡。在一次全国美协的理事会上，江丰讲演攻击抽象派，他显得激动，真正非常激动，突然晕倒，大家七手八脚找硝酸甘油，送医院急救，幸而救醒了。但此后不太久的常务理事会上（可能是在华侨饭店），江丰讲话又触及抽象派，他不能自控地又暴怒，立即又昏倒，遗憾这回没有救回来，他是为保卫现实主义，搏击抽象派而牺牲的，他全心全意为信念，并非私念。

  自从青年时从工程改行学艺术，从此与科学仿佛无缘了。只在苏弗尔皮讲课中分析构图时，他常以几何形式及力的平衡来阐释美的表现与科学的联系。90年代末接触到李政道博士，他在艺术中求证他的"宇称不守恒"等发现。他将弘仁的一幅貌似很对称的山水劈为左右各半，将右侧的镜像（镜子里反映的形象）与右侧的正像并合，成了绝对对称的另一幅山水图像，便失去了原作之艺术美，这证实对称美中必含蕴着不对称的因素。我作了一幅简单的水墨画，一棵斜卧水边的树及树之倒影，树与树之倒影构成有意味的线之组合时，必须抛弃树与影之间绝对的投影规律之约束；同样，远处一座金字塔形的高山，那山峰两侧的线彼此间有微微的倾斜，透露了情之相吸或谦让。李政道在"简单与复杂"的国际科学研讨会中，选用了我的一幅《流光》作会议的招贴画。我的画面只用了点、线、面，黑、白、灰、红、黄、绿几种因子组成繁杂多变的无定型视觉现象。我在画外题了词：求证于科学，最简单的因素构成最复杂的宇宙？并道出我作此画的最初心态，抽象画，道是无题却有题：流光，流光容易把人抛，红了樱桃，绿了芭蕉。

李政道给美术工作者很大的启迪，我感到：科学探索宇宙之奥秘，艺术探索感情之奥秘。在李政道的影响与指导下，清华大学美术学院于2001年举办了大型国际性的艺术与科学展览会与研讨会。李政道创意做了一件巨型雕塑《物之道》，物之构成体现为艺术形态。清华同事们鼓励我也做一件，我无孕如何分娩？他们陪我到生物研究所看细菌、病毒等蛋白基因，那些在屏幕上放大了的微观世界里的生命在奔腾、狂舞，不管其本性是善是恶，作为生命的运动，都震撼人心，我几乎要做出这样的结论：美诞生于生命之展拓。我终于在眼花缭乱的抽象宇宙中抓住了一个最奔放而华丽的妖精，经大家反复推敲而确定为创作之母体，由刘巨德、卢新华、张烈等合力设计，请技师技工们制成了巨型着色彩塑《生之欲》，庶几与李政道创意的《物之道》相对称，陈列于中国美术馆正门之左右，仿佛艺术与科学国际展之卫护、门神。在《生之欲》作品下，我写了创意说明：似舞蹈，狂草；是蛋白基因的真实构造，科学入微观世界揭示生命之始，艺术被激励，创造春之华丽，美孕育于生之欲，生命无涯，美无涯。

翌年，我到香港，香港城市大学邀我去参加一种实验，我在黑暗的屋子里活动，类似作自己的画，以身体的行动作画，屏幕上便显示千变万化的抽象绘画，真是超乎象外，我自己成了蛋白基因。

2002年春，香港艺术馆举办我的大型回顾展《无涯惟智——吴冠中艺术里程》。这个展览对我很有启发，他们不仅仅张挂了我的作品，而是通读和理解了我的艺术探索后，剖析我探索方向中的脉络，将手法演进在不同时期所呈现的面貌并列展出，令观众易于看清作者的创作追求，其成败得失，共尝其苦乐。比方将80年代的《双燕》到近十年后的《秋瑾故居》，又十年而出现的《往事渐杳，双燕飞了》，三幅作品并列，我感到自己的被捕，我心灵的隐私被示众了，自己感到震撼。关于近乎抽象的几何构成，缠绵纠葛的情结风貌，其实都远源于具象形象的发挥。不同时期作品的筛选与组合揭示了作者数十年来奔忙于何事。这样的展出其实是对我艺术发展的无声的讲解，有心人当能体会到这有异于一般的作品陈列展。我非常感谢以朱锦鸾馆长为首的展览工作组的专家们，我因自己的被捕、被示众而感到自慰，作者的喜悦莫过于被理解，遇知音。

　　由于群众的热烈要求，艺术馆与我商量，希望我作一次公开写生示范。我作画一向不愿人旁观，更不作示范表演，表演时是无法进入创作情绪的。但他们解释，如今画家很少写生，青少年不知写生从何着手，而我长期不离写生，希望不错失这唯一的良机，给年轻一代一些鼓励吧！我无法推辞主人的心意和群众的热忱，就只好作一次"服务"性的写生示范，重在服务，难计成败了。他们准备从第一笔落纸便开始摄像，一直到最后一笔结束，展示写生的全过程，将作为稀有的资料档案。对象就选维多利亚海湾，我就在艺术馆的平台上写生，能挤上平台的人毕竟有限，观众大都在大厅里看录像。报刊早作了报道，写生那天，大厅里挤满了人，但，天哪！天降大雾，视线不及五米，维多利亚港的高楼大厦统统消失于虚无缥缈间。浓雾不散，群众焦急，我当然不愿有负群众的渴望，便凭记忆，对着朦胧表现海港的层楼和往来的船只，而在如何构成楼群，其落笔先后和控制平衡等手法中也许还能予人一些参考，写生并不是抄袭对象，写其生，对"生"的体会，人各有异。

　　事有凑巧，我的展览3月6日在香港艺术馆开幕，法兰西学院艺术院同日投票通过吸收我为通讯院士。我属首位中国人通讯院士，香港报刊颇为重视，甚至以艺术诺贝尔奖誉之。通讯院士只授予外国人，法国人则为院士，朱德群和赵无极均已为院士，我们都是杭州艺专的学生，林风眠校长有知，当感慨深深。

2003年是农历的羊年，我不信传统的所谓本命年，但上个羊年，即十二年前，老伴病倒，恰恰属我的本命年，似乎是对我顽固思想的惩戒。这个羊年孙女吴曲送来一条红腰带，坚持要我用，我用了，但红色的带驱不走华盖运，老伴又病倒，情况严重，我也罹疾，两人住两个医院，我们的三个儿子和儿媳穿梭于医院间，实在辛苦极了，尤其乙丁，眼看着瘦了许多。老两口携手进入地狱之门，倒未必是坏事。但终于还是都出院回家了，大约还有一段桑榆晚境的苦、乐行程。病后，我们住到龙潭湖边的工作室，清静，远离社会活动，每天相扶着在龙潭湖边漫步，养病。可雨和于静从新加坡给我们两人各买了一件红色外衣，白发、红装，加上老伴的手杖，这一对红袖老人朝暮出现在青山绿水间。长长的垂柳拂年轻的情侣，也拂白发的老伴，我想起《钗头凤》中"满城春色宫墙柳"及陆游晚年的"沈园柳老不吹绵"，不无沧桑之感。我们被人们看眼熟了，进园门也不须出示月票，如果某天未到，倒会引起门卫的关注。也常有游人认出我来，便客气地回答：你认错人了！但那神情，对方还是坚信没认错。日西斜，我们携手回到公寓，一些年轻人在打网球，有一位新搬来的姑娘，并不相识，她举着球拍向我们高呼：爷爷奶奶真幸福！

龙潭湖上，隔着时空回顾自己逝去的岁月，算来已入垂暮之年，犹如路边那些高大的杨树，树皮干裂皱褶，布满杂乱的疮疤和乌黑的洞。布满杂乱的疮疤和乌黑的洞的老树面对着微红的高空，那是春天的微红，微红的天空上飞满各色鲜艳的风筝，老树年年看惯了风筝的飞扬和跌落。我画老树的斑痕和窟窿，黑白交错构成悲怆的画面，将飘摇的彩点风筝作为苍黑的树之脸的背景，题名《又见风筝》；又试将老树占领画幅正中，一边是晨，另一边是暮，想表现昼与夜，老树确乎见过不计其数的日日夜夜，但永远看不到昼夜的终结。

春天的荷塘里浮出田田之叶，那是苗圃，很快，田田之叶升出水面，出落得亭亭玉立，开出了嫣红的荷花，荷花开闭，秋风乍起，残荷启迪画家们的笔飞墨舞。当只剩下一些折断了的枯枝时，在镜面般宁静的水面上，各式各样的干枝的线的形与倒影组合成一幅幅几何抽象绘画。我读了一遍荷之生命历程，想表现荷塘里的春秋，其实想画的已非荷或荷塘，而着意在春与秋了，怎样用画面表现春秋呢！

我彷徨于文学与绘画两家的门前。

多次谈过，我青年时代爱文学，被迫失恋，这一恋情转化而爱上了美术，并与之结了婚，身家性命都属美术之家了。从此我生活在审美世界中，朝朝暮暮，时时刻刻，眼目无闲时，处处识别美丑，蜂采蜜，我采美。从古今中外的名画中品尝美，从生活中提炼美，创造视觉美是我的天职。七十年来的家园，我对耕耘了七十年的美术家园却常有不同的感受。我崇拜的大师及作品有的似乎在黯淡下去，不如杰出的文学作品对我影响之深刻和恒久。达·芬奇的《最后的晚餐》，我同大家一样一直崇敬着。《最后的晚餐》这样的题材，如何用形象来透视内心活动，芬奇到聋哑人那里去观察表达情绪的动作姿态，用心至苦。如果他或别的大作家用文学来创作这一题材，我想会比绘画更易深入门徒们和叛徒的内心。但因须要作这一重大题材的许多壁画，画家们的工作不得不跨越了自己业务的领域。席里柯的《梅杜萨之筏》表现垂死的悲惨场面，令人心惊肉跳，而及我读了当时的文字报告，揭示了悲剧之起源于官场的腐败，便更感受到悲剧的震撼。南京大屠杀的照片令人愤怒，当时文字记录的实况当更令人发指，因形象毕竟只显示了一个切面，画面用各种手法暗示前因后果，都是极有限的。绘画之专长是赋予美感，提高人们的审美品位，这是文学所达不到的，任何一个大作家，无法用文字写出凡·高画面的感人之美，语言译不出形象美。而文学的、诗的意境也难于用绘画来转译，比如阿Q和孔乙己的形象，就不宜用造型艺术来固定他，具象了的阿Q或孔乙己大大缩小了阿Q与孔乙己的代表性和涵盖面。听说赵树理不愿别人为他的小说插图，我十分赞赏他的观点。极"左"思潮中，有的作家羡慕画家，因齐白石可画鱼虾、花鸟，而他们只能写政治。齐白石利用花鸟草虫创造了独特的美，是画家的荣幸，也是民族文化的荣幸，他提高了社会的审美功能，但这比之鲁迅的社会功能，其分量就有太大的差异了。我晚年感到自己步了绘画大师们的后尘，有违年轻时想步鲁迅后尘的初衷，并感到美术的能量不如文学。文学诞生于思维，美术耽误于技术。长于思维，深于思维的美术家何其难觅，我明悟吴大羽是真诗人，是思想者，他并不重视那件早年绘画之外衣，晚年作品则根本不签名了，他是庄子。

凡·高临终最后一句话：苦难永远没有终结。凡·高的苦难没有终结，人类的苦难也没有终结。今年，"非典"像瘟神扑向人间，将人们推向生死的边缘，今天不知明天，人心惶惶。我们住的工作室离人群远，成自然隔离区，两个老人天天活动在龙潭湖园中，相依为命，老伴说，工作室本是你专用的，不意竟成了我俩的"非典"避难所。晨，夏，清风徐来，我们照例绕荷花池漫步，看那绿叶红花和绿叶上点点水珠，昨夜刚下过雨。忽见远处湖岸渐渐聚集了人，愈聚愈多，"非典"期间一般是避免人群聚集的，怕彼此感染，我想，这回出事了。回忆一个清晨在北海写生，尚无游人，而湖岸居然有数人在围观，我好奇地也去看，地上躺着一个通体苍白的赤裸少妇，法医正在验尸，是奸杀？自杀？失足落水？是昨夜发生的悲剧。我画过无数裸妇，见怪不怪，而对这个苍白的死去不久的裸妇却永远不会忘却。我想这回在"非典"期间恐又将见到这样苍白的裸妇了，便偕老伴慢慢前去看个究竟。人多，我们挤不进去，便绕到湖岸拐弯的一侧遥望，原来是一个披着黄袍的年轻和尚在放生，将被放生的鱼虾装在一个大塑料袋里，和尚则在高声诵经，经卷厚厚一本，大家听不懂，只是想看放生，都有放生的愿望，人类应多行善事吧，以减少像"非典"这样的惩罚。鱼虾在塑料袋里乱蹦，不耐烦了，但和尚的经不知何时念完，人群渐渐走散，我们也走开了，没有看到鱼虾入水的欢跃和看到鱼虾欢跃的人们的欢跃。

因"非典",有些单位暂不集体上班,于是到公园里的人多起来,有的带着工作在林间干活,而打牌、下棋、放风筝、游湖的人骤增,这里原本主要是老人和儿童们的乐园。打牌、下棋、种花、养鸟……当属老年人安享晚年的幸福生活吧,但我全无这些方面的兴趣。躯体和感情同步衰老是人生的和谐,而我在躯体走向衰颓时感情却并不就日益麻木,脑之水面总泛起涟漪,甚至翻腾着波涛。这些涟漪和波涛本是创作的动力,但她们冲不动渐趋衰颓的身躯,这是莫大的性格的悲哀,万般无奈,民间谚语真比金子更闪光:江山易改,本性难移。

20世纪90年代,吴冠中在方庄住所前的街心公园留影

朔风起,天骤寒,画室空间大,冬天不够暖和,而年老怕寒,故我们考虑搬回方庄度过今年的寒冬。离开工作室的前一天,我们从龙潭湖走回画室的路上,秋风从背后送来一群落叶,落叶包围着我俩狂舞,撞我的胸膛,扑我的头发和脸面。

有的枯叶落地被我踩得噼啪作响,碎了!

随手抓一片,仍鲜黄,是银杏叶,带着完好的叶柄;有赭黄的,或半青半紫,可辨血脉似的叶络。有一片血红,是枫叶吧,吹落在绿草地上,疑是一朵花,花很快又被吹飞了,不知归宿。

树梢一天比一天光秃,谁也不关注飞尽了的叶的去向。

西风一天比一天凛冽，但她明年将转化为温柔的春风，那时候，像慈母，她又忙于孕育满眼青绿的稚嫩的叶。

2004年　春节

家　　62cm×73.5cm　　1985 年

葛洲坝　96cm×134cm　1985年　宣纸·水墨

长城　　180cm×96cm　　1986年　　宣纸·水墨

秋瑾故居　　68cm×139cm　　1988年　　宣纸·水墨

漂洋过海
——留学生活回忆

美国"海眼号"海轮上有几十位年轻中国人，是一群幸运儿，他们乘风破浪到欧美留学。海是蓝的、深沉的群青、透明的翠绿，有时是凄凉的灰，或忽然发怒，变得乌黑乌黑，我们落入了无穷大的墨池中。偶然翻出了一张当年船上同学们的合影，暑天，大家一律白上衣，满头乌发。曾在其中找认哪一位是自己，自己就曾这样雄心勃勃地年轻过，其中必有自己，这就够了，白发满头的今天，何必一定要在发黄的老照片中去抚摸远逝了的华年。

我总是爱扶在甲板栏杆上观看海的深沉，某处渐渐发黄褐色了，翻滚的黄褐色有点像水牛之色，水牛我童年见多了，但很少见它们成群冲撞嬉戏，细看，不是水牛，是鲨鱼，我看鲨鱼们在大海中搏斗，搏斗，搏斗与搏斗都彼此相仿。突然一群白色的鸟掠过，那是飞鱼，我见过鱼之跃，初见鱼之飞。

航行三两日便靠一港口，停下来，可上岸观光，晚间仍住船上。过了马尼拉便到新加坡，曾被我们称为南洋的新加坡其实只是一个落后的小镇，路边一些小贩卖切开的菠萝，苍蝇乱飞。除了高高的椰子树和槟榔树，就没有多少异国情调了。多年前我常去新加坡，想寻旧码头，人们说就是红灯码头一带，只没有遗骸遗存了。

闷、热、湿，这是西贡的独特气候，边走边出汗，像出不了澡堂。街上老妇人都挑对箩筐，里面似乎只几个椰子，妇人满嘴黑牙，很丑，那是常嚼槟榔之故。前三四年我去海防，观察冲过桥来做生意的年轻越南人，他们的牙齿不黑了，像换了人种。越南人肤色、身高、体态都与我们相似，开口说话，才知不是一家人。由于越南当了多年法国殖民地，殖民者看殖民地人，大概都不美。50年代在巴黎，中国人少，日本人几乎见不着，我们这批大中华国民，大都被认作越南人，倍受殖民者的蔑视。老师、同学、同胞间葆有亲情外，我见到的大都是歧视目光。

过了西贡，渐进入大西洋的风浪区，疾风骤雨，船颠簸，我们先坚持在船头上看海之狂暴，半个浪打来，通身湿透，船面滑极，都只能躲下舱去，以手擦脸，处处皆盐味，耳朵里积了许多盐。开饭时候了，餐厅几乎没人，许多人呕吐，不能进食，盆、碗、瓶、罐，均用铁丝罩住，仍叮当晃动。忙碌的水手们走路也跌跌撞撞，且一手扶桌椅。头等舱在船中央，较稳，有两个中国官员，坐的是二等舱，大概也较平安，我们学生全部是四等舱。四等舱，塞在船头尖顶，这里最颠狂，二层或三层吊床都是用铁链捆住，海啸人摇，铁链叮当，此处岂即海牢！幸而甲板上有躺椅可租，躺在椅上，风平浪静时，一路观光，饱看东方和西方日起日落，不知命运在何方。

辽阔的海洋无边岸，忽进入羊肠小道，那是苏伊士运河。船停在塞得港，港中船挤，沿着巨轮脚边围满许多小木船，干瘪、乌黑的埃及人爬在高高的木船桅杆上，在摇摇欲坠的险情中用土制工艺品与船上的旅客做买卖。也有白人旅客偷出船上的餐具、桌布用来与土人交易。小偷小摸随着水陆交通踏遍东、南、西、北，发展其前程。我并不爱那些民族工艺品，一味观赏在海水中浮游的娃娃，才六七岁吧，动作灵活胜似青蛙，大船上的贵宾抛下一个硬币，"蛙"立即没入水中捡起这钱币，高举示众，于是钱币纷纷扑水，"蛙"们忙着显示其绝技，收钱。有人丢下了半支点燃着的香烟，"蛙"用嘴在空中接住燃烟，随即没入水中，瞬间出水，用手高举那支仍在燃烧着的骄傲的烟，小小年纪，被生活逼出一身绝技，游人欢笑，父母心酸。

抵拿波里，美国船要回美国去了，赴欧洲的旅客统统下船。临下船，头、二等舱的旅客纷纷付服务员小费，几十、几百美元不等。中国学生尴尬了，有聪明人建议开会，每人出一二元，派个同学当代表交给美国人，那高鼻蓝眼睛的美国人说：我们不收四等舱里中国人的小费。拿波里静悄悄，街上没几个行人，仿佛早晨四五点钟的星期天。人哪里去了？本来就这么些人，从上海来的中国人想起南京路上的人潮，像是从夏天到了冬天，人都躲在家里不出门了。这个马盖笔底的水上美丽城市，其名声缘于祖先的巨大灾难。维苏威火山吞噬了所有的子民，只留下一个可怕的城名——庞贝。去庞贝，等于到古罗马去，既已到了拿波里，没有人不看庞贝的。淹没一切的火灰保护了文物，挖尽两千年的火灰，古人生活的隐私彻底暴露给子孙看。吃、喝、拉撒的方式，大浴锅的气概，历历可辨，连男女交媾的姿势，也"绘声绘色"在枕畔床侧，那是妓院。战斗归来，士兵们离不开沐浴与妓女。在破败妓院旁，依旧盛开着夹竹桃之类的艳花。人狗等等化石，像模糊的石膏所制，大都陈列于拿波里博物馆了，有的可辨脚上的草鞋痕迹，那是奴隶了，我还发现一把梳子形物，无疑是妇女所用，当时她或正在沐浴中。

负笈异域，我们无心旅游，急切赶到学习之国。从拿波里坐火车北上巴黎，必经米兰，米兰当时是欧洲最大火车站，须停车两小时。我和另一同学急乎想先睹《最后的晚餐》，一算时间，坐出租车到壁画所在的圣玛丽亚感恩教堂，来回急赶是来得及的。立即出发。及至教堂，大门紧闭，时约下午五点，清冷无人，心急万分，我们用生硬的法语向一位教士打听如何能进门看一眼"晚餐"。教士很和蔼，他看我们来自东方的虔诚，时间又如此迫切，便拿出钥匙开了教堂门，并指引我看那世界名著，还指耶稣身上的污渍，那是拿破仑的马兵用马粪掷击犹大的遗迹，也没人去修补这破地图似的举世之宝。拿破仑曾打算将这伟大的"晚餐"搬回巴黎，但工程师们没有迁动这壁画的能力，耶稣和犹大便永远定居米兰了。后人将壁画一改再改，曾经面目全非，重新擦去重改，这工作比晴雯补裘困难多了。我面对壁画时，感到怆然、迷惘，远不及唐墓壁画清晰。出租车司机提醒我们，须赶紧回车站，否则误点了。赶到站，车正将启动，出租车索价颇贵，他们是计时而非计程，我们则是第一次坐出租车。

火车抵巴黎，停于里昂站。一出站，觉得巴黎是黑的。那古老的墙，厚实而发黑，黑墙上挂着各种鲜艳的彩饰，彩色下满是红椅子咖啡店，里里外外闲坐着各样服饰的仕女们，悠闲的巴黎掩着忙碌的巴黎。头天，我们被安排在一家古老的旅店里，这旅店有点古怪，床的两侧、床顶上镶的都是镜子，从各个方面都能看到睡卧中的自己，实在睡不安宁，后来别人说，这原是妓院，败落而改作一般旅店用的。吃得很差，几片猪头肉，战后法国凭肉票、粮票、假黄油票等等过日子。

住进大学城，生活安定下来，一人一间房，一床、一桌、一书架、一个小小卫生间，地板是干净的，每晨有老太太来擦洗，常跪下擦各旮旯。工作毕，她换上漂亮的服装上街去，法国人的工作和身份大都不外露。大学城是专供各国留学生的宿舍，法国提供地面，各国自建具民族风格之馆。中国没有馆，当年建馆之款被贪污掉，我们是公费生，凭法国的协助寄人篱下，我起先住过比利时馆，一旁就是张扬着日本样式的日本馆，他们战败了，依然气昂昂，胜利了的中国却无立锥之地。一经住定，我们必先读巴黎地铁图，厚厚一本，须背得烂熟，以后天天在全城穿行。只要不出站，一张票在巴黎地下巡回一天。三天之内，跑遍了巴黎的主要博物馆，凭美术学院的学生证，各馆免票。其实不用着急，我有三年时间细细品味古今中外的艺术珍品。50年代的卢浮宫是冷清清的，我每次进去往往只看一个馆甚至一件作品。有一回我单独看那件断臂的米洛维纳斯，整个厅里静悄悄。大腹便便的管理员大概闲得无聊，一步一步向我走来，我笑迎，估计他要谈谈他所守护的女神像了。他脸色一变：在你们国家，没有这些珍宝吧。刺激了民族自尊心，我的反应不慢：这是你们的吗？这是强盗从希腊抢来的，你到过中国吗？见过中国的艺术吗？见过中国长城脚下的一块石头吗？少年气盛，这一斗，他倒瘟了，可能他估计我是越南人，他在越南战中大概吃了苦头，说不定还是残废军人，给他这个闲职，但殖民者的欺人本质未改。

我这个殖民地人民失掉一次给殖民者一拳的机会，终生耿耿。在伦敦的公交车上，售票员从胸前的大袋里给我取出一张车票，我交了一枚硬币。接着她将这枚硬币找给邻座的一位"绅士"，"绅士"一见是经过中国人手里的硬币，拒收。售票员只好另换一币。我捏紧的拳头终于没有狠打这胖"绅士"，我替中国人咽下了这口恶气。

我为学艺来，为朝圣来，遭了歧视，仍须学艺，带着敌情观念学习，分外勤奋。西方艺术中的人本精神，伟大作者们的激情、纯情，对造型科学的剖析，是远远超过我在国内时的所知的。

艺术是人情，凡·高的向日葵是一群个性鲜明的肖像，向日葵长得再茂盛，人们不会因之而疯狂。西方现代文化吸引我，因其从现实出发，从性情出发，张扬个性，挖前人未曾觉察的情之奥秘。作者从一个画像者进入了窥视感情深层的探索者，扬弃早已被照相替代的形象之复制工作，开始进入思索、想象、创造的造型空间。我记得上基础课时，苏弗尔皮说这种立体的渲染毫无意义，着眼点应在构架建筑，你画一个裸体，好像轮廓、比例、肌肉都近对象，但其组建系统全是虚浮的，没有内在的紧密联系，抛掉这些高低不平的肉团团，去卢浮宫去看看波提切利的作品，他主要用线造型，但强劲坚韧，非斤斤于立体高光者所能望其项背。我们的任伯年也主要画人物，概念地作些符号，估计他连赤裸裸的真人也未观察过，更谈不上对人之真形的探究。崇洋，大多数人骂，但了解洋人对人体的深入钻研，任伯年无疑是大大落后者，对衣着皮毛之浮面模仿，我们一向就以为是大画家的本领了。

构成、空间划分、如何处理平面、错觉与直觉，这一系列的知识对我是全新的，而且觉得其中大有道理，是宽阔的绘事正道。回忆十八描、披麻皴、画龙点睛等等祖传秘方，都附属于造型规律之中，有什么特别体系呢？体系无非是科学规律，有价值者皆入体系，伪造体系，欺世盗名。

饥饿的我，大口吞食西方的肉和奶，但自己又未必能吐出奶来，久违妈妈种的青菜、粗茶淡饭，青年的发育未必完全。"美"这种特殊粮食更须普遍吸收营养，东、西杂食，才能成长健美者，偏食者瘦、病，属淘汰行列。艺术是人情的成长、感情的发育，发育中的艺术排斥别人瞎指挥，"崇洋""崇古"都是囚中生锈的铁链，其寿不长，要断。

我虽屡遭歧视，但还是觉得西方许多制度和生活习惯比我们强。吃饭分食，夫妻同餐也各用各的一份，卫生，我甚至觉得刀叉比筷子合理，易于清洗消毒，这个几千年的习惯看来在中国江山不倒。

西方前进，缘于科学与创新，孙子不如爷爷，这个家庭能不败落吗？我没有见过我的爷爷，但我相信我是不会同意爷爷的观点的。这倒不是数典忘祖，那么多爷爷大都要被忘却。出色的爷爷、伟大的爷爷，像李时珍，他一生在草丛中寻寻觅觅，探寻为子孙治病的良药，他实践、摸索，造福人类，但他生在那贫穷落后的时代，事倍功半，并未能创造出医学上的伟绩。西方的爷爷们在解剖尸体，化验血液，试验病毒，主观上与李时珍是异曲同工，救治人类，只是隔了海洋，彼此不易切磋，大家吃亏。易于漂洋过海的今天，人类文化突飞猛进，是子孙之幸。但东西间的隔膜依然存在，莫名其妙的保守势力难道只是为了民族自尊？是怕饭碗会被时代打破，尚有义和团的心胸吧。

偏偏人人爱美，艺术的欣赏是没有国界的，艺术作品既无国界，漂洋过海来取经，负有打通东、西精神，彼此扩展审美的重任，意识形态间的战争渐渐转化为异国良缘。对于这个大问题，我们还正在观望一幕幕的优劣表演。幸而，现在从上海到巴黎不须再在四等舱里咣当一个月，十个小时便从浦东直抵戴高乐机场。崇洋者渐失假洋鬼子的优势，崇古者也难固守自封围墙了。古国！我们多想看到你的新生。将金人玉佛之类统统踏倒地，鲁迅的话没有过时，只鼓励我们创新。我这个出身于贫穷农村的孩子，在巴黎生活三年，有意无意间吸收了洋人的思维方式、审美见解，甚至生活方式。对于大家庭，几世同堂，忠孝的观念，都在我的内心起了巨大的变化，实事求是的精神替代虚伪客套的中国传统"美德"——往往是虚假。外国的骗子当然多，但我遇到的中国骗子更多，无论如何，中国人的素质比西方人尚差了许多，无疑，中国社会比西方社会混乱得多多，中国的农民骗子在迅速增长，那个"工农兵"的偶像消失了。筛选一次人品吧，谁家垃圾多？我这个中国穷人生活在西方的豪华社会中，却感到须学习他们的某些品质。我崇洋了？决不。我在法国没有享受过法国生活，吃的是大学城食堂"六十法郎的饭票"，但我深深感到要改变我们的传统生活、思维方式，动摇这个落后大国思想保守的固执。

在艺术上，去留学，当学习人家时随时比较自己传统的优劣，无奈自己的落后处处暴露，赶不上时代了，保守的人们大呼保卫传统，往往并未分析传统的真谛，只为了保住自己的饭碗而想永远躺在传统的软床上。

保卫非物质文化遗产的呼声响彻云霄。正因非物质遗产的精华是非物质的，她是流变的，她一度繁荣，又一度衰败，不同于典藏于博物馆的凝固之宝。新版《牡丹亭》获得好评，《牡丹亭》继续向前走，仍顺风，还遇逆风？非物质文化遗产之保存必须着力于创新，靠人，靠发展，不进则退，力争青胜于蓝而非一代不如一代。问题实质是在靠更新、发展，无创新、无发扬的民族遗产必然遭淘汰、消灭。今日抢救一途，抢救如救病，多活三五年、七八年，仍在险情抢救中，唯新生才能代替衰亡。骡子不能生育，有些艺术品种难有后继，我写过一篇《戏曲的困惑》，谈了忧心。

衰败，新陈代谢，是自然规律，联合国无奈，人类无奈。我们为了保住非遗的金牌，工夫都用在了非遗之外，争取经济实惠，其实不少非遗是根本失去了非遗之价值。民间，民间当然也爱艺术，创造艺术，但限于条件，民间艺术依靠的是智慧，民间艺术的发展是智慧的比赛而非材料的竞争。我们经常请一些民间艺人出国献技，弘扬传统文化，无论剪纸、刺绣、牙雕，想以技惊人，虽然有些外国老人、妇女喜爱这种那种技法，但能入大雅之堂的应是艺，技、艺之间，时乖千里。

伯希和等人盗去的中国文物书画陈列在吉美博物馆，我每每比较我们的传统与印象派等现代绘画，这是我全身心投入的事业，也是漂洋过海的目的。我也拉法国同学一起看，听他们对两方面的比较。我们这些年轻人，对这些作品一视同仁，只看艺术效果，不关心其出身。什么中国画的特殊体系等空洞名词，改动不了艺术造型的硬规律，与感情表达的软规律。我夹在东、西之间，也不觉其间有何敌对情绪。新旧之际、东西之际无怨颂，唯真与伪为大敌，吴大羽老师的话沁人心脾。

但是，还是有一只分量不轻的帽子压在头上。我，从意识形态，及审美角度审视，同我的同胞已有了不少的差异，我回到他们之间，岂将成异类！水墨画、油画等等技法之差异，我感不到什么压力，但，思想意识，我可能被视为叛徒了，如不叛，逆来顺受，我是一个没出息的子孙，只从事我认为乏味的，甚至错误的事业，无异帮着出卖自己的祖国，毁灭自己的民族。我的前途看来将在矛盾、痛苦中沉浮。漂洋回来，自己背回了一个大包袱，当我看到庙里的大肚和尚，羡慕其自在。漂洋过海回来便得不到这美妙的坦然。

想多了解一些法国人的生活，我报名参加同学们假日的活动。那一次是步行到夏特大教堂朝山进香，共一百余人。夏特是哥特式建筑名作之一，离巴黎一百多公里，参加朝山者并非都是基督徒，全凭志愿，但旅程是辛苦的，全部步行，晚上分散宿在农家的马棚里。马棚当然不干净，法国同学却仍脱光衣服，睡在自备的一个布袋里，抽紧布袋，蛇虫、小动物就进不去了。抵达夏特教堂，演戏唱歌，疯狂地欢乐着，有人拉我进去参与角色，我不好意思，只能像呆子似的旁观，但深深觉得他们的学生生活生动活泼，与祖国教育的呆读书差异甚大。

复活节假日长，同班同学拉我一同沿塞纳河一路写生，他自备小舟，这是美差。头天住到他父亲的乡村别墅，翌日一早，他和他家保姆扛着一只木支架蒙帆布面的小船直奔塞纳河边。船里塞满了画架、颜料、罐头、面包，这是二人一周的粮食。我看波涛凶险，小舟轻微，感到太危险，但事到临头，中国人害怕了？我咬牙下船，船飞速冲入江中，那年轻人还感不过瘾，又用布帘作帆，千里江陵一日还，不过半小时我们就连人带舟翻在江心了。郊区的塞纳河白浪滔滔，像是长江，我们二人扶船呼救，四野无人。形势渐迫，他冒险游上了岸，大力呼救，险情中幸遇一货船经过，他们解下大船尾部的救人小舟救出了一对倒霉的美术学生。我们投奔遇到的第一户农家，主人给烤火、换衣、打电话，此地的人民真善良，我记住了这里的天、地和大江。两天后，我用水彩铭记了这个乡村风貌。

回祖国去，我背着一篮经卷或毒草回祖国去，救不了民族，怕也不了解人们落后的、保守的思想意识、审美观念，我是人生道上一个被推来推去的小卒，但自己不服气，依旧想横站着战斗，殉道于人的心灵。平时不进商店，临离去时到田园大街转，那些豪华的商品大都是为女人服务的，我也看不明白。偶见一条摆在突出位置的项链，呵，项链，莫泊桑讲过的故事，项链依然高傲地在田园大街上放着光芒。

2007年

生耶　卖艺

崇拜艺术，崇拜艺术家，视之如圣，其时自己正年轻，炽热如火，纯情如水。进入了巴黎美术学院，那是象牙之塔吗？肯定不是，但自以为应该就是了。课余天天到博物馆、美术馆看那些举世名作，当看到自己的教师苏弗尔皮的作品同马蒂斯、毕加索、勃拉克等权威相并陈列着时，似乎觉得自己也到了艺术的高层峰顶，进入了峰顶的群落，是这群峰中的子民了，暗自得意地俯视艺海众生。

画廊多多，随便参观，除了什么开幕活动，平时门可罗雀，看不出营业，不知老板靠什么谋生。有时也在其间遇到苏弗尔皮等名家之作，也是出售的，买不起，便总去观摩。我记得教授薪金是月薪八万法郎，很富裕，他们作了画只展出，指领美术方向，无须出售作品，作品更不会迎逢商品趣味。所以当我看到他们的作品出现在画廊时，觉得与商品无关，其实，也是商品，就是商品，只是我尚不明白此中甘苦。

一个假日，我去蒙马特高地举世闻名的售画广场参观，卖画的和买画的头碰头，卖画的伸手要法郎，买画的装腔作态摆姿势——看来大都是外国人，买一幅法国画家为自己画的像，带回遥远的祖国去，是一种显示。同样，法国风光、法国色情，也就在这广场上风筝似的飘向四方。艺术，这盘中杂菜，酸、甜、苦、辣，交流着各国文化，包容着古今中外。雅俗之间，毋须争辩，品位高低，难于改变。但自从那次去了高地，我再也不愿去第二次，那是乞丐之群，我和我的同行都属这个群落。美术学院同学们夹着画夹背着画箱都是为了赶去高地兜售作品。崇高，艺术的崇高，开始在我心目中坍塌。

巴黎远郊枫丹白露有个巴比松小村，密树浓荫，地僻人稀，一些陶醉于大自然之美的穷画家来此聚居，成了举世闻名的画家村。贫穷哺育了艺术。米勒等人在质朴的农民生活中，在对艺术的虔诚中，创造了《拾穗》《晚钟》……

娱人眼目的图画，可有可无，画家的生活也就没有保障，纽约苏荷区的画家群与巴比松时代大异了，但作画、卖画，卖了吃饭，吃了再画，盼望画价日日上涨，其本质是一样的。画卖不掉，何不换个行业，比如贩盐，人人要吃，中国古代的盐商就曾大发其财，他们发了财，随随便便买喜爱的画，扬州八怪也就靠他们活命。在钱的面前，画算是什么东西呢。画而优则仕，当了佩紫鱼之官的阎立本，算是头面人物了，皇帝一高兴，在众官面前叫他伏在池边画鸳鸯，他羞愧得冒汗，不愿子孙步他后尘。

然而绘画并非只是为娱人眼目，画家也并非仅仅为了吃饭而画图兜售。他们有时像扑火的蛾，钟情火焰而焚身。凡·高为卖不掉画而发愁，但他仍疯狂地画，他作画的动力是什么，天晓得。我初见他那群向日葵，是疯子相，个个喷吐胸中块垒，头颅掷处血斑斑。玄奘所遇的白骨精和许仙所娶的白娘子是妖精，妖精何来？千年修炼而成。修炼成精是谎言，但这千年难遇的精灵，是确具真正的艺术素质者。具有艺术精灵的人才极稀罕，古今中外如此，这千真万确。心灵手巧者不少，多半能达到画匠、画工、画王……的水平，但能深入艺门或攀登顶峰的艺术家凤毛麟角。

时代发展，技艺发展，文化发展，审美发展；生存竞争，伪劣假冒发展更为迅猛。误导再误导，学画能发财，于是"美术"垃圾遍地，国家民族的文化涂地。中国大地上，画家村已如雨后春笋，谅来其间情况错综，良莠不齐。一次，我悄悄去了一个画家村×庄，想看看最底层的同行们的艰辛与苦乐。那是一个北国的荒村，瘦瘦的树干，摇曳在黄土地上，枝叶尚稀，散落的民房犬吠甚凶，为防盗。画家的条件也大有差异，有的画室颇大，且作品不断售出，将步入小康了，主人说这里条件不错，政府也协助，比在圆明园时期好多了，我说你们像羊群一样择水草而迁，他得意地笑了，但他说最近还是有两个自杀的。我说天下画家的命运都一样。

城里画廊济济，展览密集，与其说这是文化繁荣，实质是为争饭碗而标新立异、哗众唬人，与有感而发的艺术创作之朴素心灵不可同日而语。艺术发自心灵与灵感，心灵与灵感无处买卖，艺术家本无职业。丰子恺画过一幅漫画，画一个高瘦的黑衣诗人在鼻边闻一朵花，背后两个商人悄悄语：诗人是做什么生意的？

我初中时很爱看丰子恺的漫画，跟着他的眼观察人间万象。后来进了艺术专门学校，觉得丰先生的画简单，便疏远了。如今广览天下图画，千奇百怪，装腔作势，令人恶心者多，再看丰先生之作，亲切感人，乃真人之情，真人之艺。今大师满天飞，以大欺人，耍弄愚人，丰先生之作，画不盈尺，沁人心肺，广及大众，是人民的大师。大师者，慈母也。

载《文汇报》2007年6月5日

回顾

科学探索宇宙之奥秘，文艺探索人情之奥秘。杰出的艺术作品揭示喜怒哀乐，抒发情之困惑与渴望，往往使想掉泪而掉不下来的人们掉下了眼泪。文化发展中，艺术仿佛是哨兵，她展拓审美，提高敏感，缺失了艺术，文化便干瘪、枯萎。

然而，有人说文艺是政治的螺丝钉；又有人对文艺作品的评价规定：政治标准第一，艺术标准第二。20世纪50年代初，当我从巴黎回到祖国，我不愿所尊崇的艺术做政治打工仔，从此开始了我苦难的艺术生涯，孤独，挨批，躲向边缘。

苏弗尔皮教授令我尊敬，他说：艺术有两路，小路艺术娱人，大路艺术撼人。我一心想搞大路艺术，祖国最触目惊心是贫穷与苦难，我要揭示苦难，但不被许可，必须画虚假的工农兵模式。我构思的一些表现民族苦难的题材，如"渡船""送丧"等等，便只能胎死腹中，怀着死胎的母亲永远感到难言的沉重。

王国维说：一切景语皆情语。走投无路中我投向风景，在风景中吐露我对山河之真情，那是对祖国之真情，民族之真情，真爱。我从自己的故乡及鲁迅的乡土起步。白墙黛瓦、拱桥曲水，小小的帆船，鹅群嘈嘈皆乡音……这里是我的避风港了，仿佛塞尚回到艾克斯，投入了维多利亚山怀抱。村前村后，河南河北，我开始面对景物解构、重构，点、线、块、面织入画图，力求结构之美，虽画面面貌常变，老乡们仍识得是我故乡。我将这些画题为《童年》《双燕》。婴儿时代见到的第一只飞鸟是燕子,因她筑巢在我们家里。

每当假期或授课有余暇,我便背起画具到乡村、深山、老林、雪峰、海角……几乎踏遍青山,像猎人寻寻觅觅,捕捉灵感,创造新作。我六七十年代的作品貌似写生,其实根据自己的感受和构思,将不同地点的景物织入我的意境。筚路蓝缕,我往往被乡人误认是修雨伞的或收购鸡蛋的。

吴冠中在故居留影

80年代后,我更多倾向于意象,简约,也就更接近中国传统绘画的写意。画面纷繁的线多起来,情意缠绵,因此往往直接用水墨来替代油画,追求油画难以达到的效果。水陆兼程,交替的工具使用加速了我油彩与水墨的交融。我曾将中国古代杰作和西方现代杰作比作哑巴夫妻,虽语言不通,却深深相爱。我想改变这种哑巴困境,不同时代不同民族的艺术杰作应彼此拥抱交流。艺术无国界,"中国画"这道围墙仿佛是柏林墙,我属拆墙者。

年轻时在巴黎学习,我很讨厌文学性绘画,视觉的造型艺术不须文学的干扰。一味讲究形式,所谓有意味的形式,这意味又是什么?其实也属意境的范畴。中国文人画以意境为上,形式之美往往因意境而削弱。文人渐渐以诗替代了绘画的本质美,画上题诗,诗与画同床异梦,混淆了文学与绘画的界别。这种情况我十分反感,但我认为苏东坡"诗中有画、画中有诗"的观点是高见。在中国,人们看画不会止于纯形式,总要寻找画的含义,高明者更进入了诗意,诗的韵律与画的节奏的配合是中国知识分子赏画的高水平了。但大多数人民对造型美是无知的，他们只看画了什么物象，美盲遍地。我生活在十几亿人民的国度，我的观众是广大的人民，我竭力要求自己能被他们逐步接受，我的企望是"专家鼓掌，群众点头"。"阳春白雪"最终会转变成"下里巴人"，永远不被接受的"阳春白雪"只能默默消失。我曾将作品比作风筝，出色的作品飞得高高，但她那条线联系着地面的母土，联系着人民的情愫，断了线的风筝便失去了艺术的一切。

我凭自己的鞋底走羊肠小道，走独木桥，深山丛林，攀悬崖，望尽天涯路，没有考虑退路。从高峰失足滚到另一个山崖，真的发现了异样的湖山，一切都入了梦境，都荡漾于倒影中。真正的大欢喜，不仅忘了疲劳，也不知道自己是青年、中年、老年，我超越了自己，超越了地球，超越了宇宙。我迷惘、惊喜，那是梦吧？不是，不是梦，正是我艺术经历的缩影。

鲁迅《野草》中的过客永远向前走，日将暮，他问老翁前面是什么地方，老翁说是坟。小女孩说，不，不的，那边有百合花、野蔷薇，我常去玩的。坟之后呢？不知道。

2007年

走出象牙塔
——关于前国立艺术专科学校的回忆和掌故

1935年前后的国立杭州艺术专科学校，正处于最宁静的时期，学生学习认真，教室里无人喧闹，只听得木炭条在纸上嚓嚓的作画声。竞争是剧烈的，谁也不肯缺课，下午无业务课时教室锁门，倒是常有学生跳窗户进去作画，逃避理论课，不重视文化修养，认为技术是至高的。下午课程少，我们低年级学生便都出门画水彩写生：苏堤垂柳、断桥残雪、接天莲叶、平湖秋月……浓妆淡抹的西湖确是够令人陶醉的。傍晚，各人将自己的作品装入玻璃框，宿舍里每天有新作观摩，每当看到别人出了好作品，我便感到一阵刺激，其间夹杂着激动、妒忌与兴奋，盼望明天的到来，盼望明天自己的作品是最出色的。林风眠校长、林文铮教务长，教授们如吴大羽、刘开渠、蔡威廉、雷圭元等老师，几乎清一色都是留法的；从授课方式和教学观点的角度看，当时的杭州艺专近乎是法国美术院校的中国分校，王子云老师返国前，就是学校的驻欧代表。校图书馆里画册及期刊也是法国的最多，塞尚、凡·高、高更、马蒂斯、毕加索……我们早就爱上了这些完全不为中国人民所知的西方现代美术大师。学校里教法文，但认真学的学生太少了，招生时本来就不够重视文化课，有些学生连中文都不很通，对外文更害怕，见了法文老师黄纪兴先生都躲着走，黄先生教学是很严厉的。因此看画册看图不识字，不求甚解，学人家的气派，不易辨感情的真伪。当时的课程是前三年素描，后三年油画（指绘画系），对西方

新巴黎　　91cm×73cm　　1989年　　麻布・油彩

红磨坊　　41cm×32cm　　1989年　　麻布·油画

夜咖啡　41cm×32cm　1989年

凡・高教堂　　65cm×59cm　　1989年　　麻布・油彩

现代艺术采取开放态度，但在教室里的基本功方面，要求还是十分严格的。当年的同学们今天分散在国内外，都已是花甲之人，回忆学艺之始，评析教学中的功过，如鱼饮水，冷暖自知，当能提出较客观的意见。每天上午的业务课都是西洋画，每周只有两个下午学中国画。虽然潘天寿老师的艺术和人品深为同学们敬佩，但认真学的人还是少，认为西洋画重要，中国画次要。因为中国画课时少，又基本从临摹入手，所以少数爱好国画的同学便在晚间画中国画，背着舍监（宿舍管理员）自己偷偷换个大灯泡。潘老师偏重于讲石涛、石谿、八大，构图、格调、意境倒也正是西方现代出色的艺术家们所追求和探索的方面，但当时同学们学得浅、窄、偏，自然还谈不上融会贯通。

正当学校将筹备建校十年大庆的时候，七七事变，日本帝国主义发动了侵华战争，宁静的艺苑里也掀起了抗日宣传活动。本来从不重视宣传画，这回却连老师教授们也动手画大幅宣传画了，而且都是用油彩画在布上的。我记得李超士老师画的是一个人正在撕毁日旗，题名《日旗休矣》，方干民老师画个穿木屐的日本人被赶下大海，吴大羽老师画一只血染的巨手，题款：我们的国防不在北方的山冈，不在东方的海疆，不在……而在我们的血手上。战争形势发展得快，杭州危急，1937年的冬季，学校不得不仓皇辞别哈同花园旧址，全校师生乘坐木船逃避到诸暨县的乡下去。诸暨也不是久留之地，便又迁向江西龙虎山张天师的天师府去，似乎那里还能重建失去了的象牙之塔！

那时候，不少同学不再跟学校逃难，直接去参加抗战工作。我们依附着学校的，也只能各自找火车或汽车的门路，到江西贵溪县报到，然后三三两两，自由组合，步行一百来华里到龙虎山。我和朱德群、柳维和等数人到得较早。龙虎山里的"嗣汉天师府"相当宏伟，还不很破旧，看来可容纳我们学校，只是桌椅板凳都缺，我们睡地铺，也许这里是避乱的桃花源吧，但又如何进行教学呢？正当我们爬上张天师的炼丹亭等处参观，寻找美好的写生角度时,有师生途中遭到了盗匪的袭击,学校于是改变定点龙虎山的计划,决定先回贵溪县集中,住在贵溪的天主堂里。家乡已沦陷的战区学生,断了经济来源,大都连伙食费也交不起了,我曾和彦涵及朱德群就在天主堂的门洞角落里同锅煮稀饭填肚子。

车、船、步行,鹰潭、长沙、常德,最后学校定居湖南沅陵老鸦溪。这时国立北平艺术专科学校也从北平流落到南方,教育部下令两校在沅陵合并,改名国立艺术专科学校,取消两校的校长,由林风眠、赵太侔(原北平艺专校长)及常书鸿三人组成校务委员会。庞薰琹、李有行、王临乙、王曼硕等许多老师就是那次从北平来的。北平和杭州早都沦陷了,南北两校的师生跋涉来到沅江之滨,但未能同舟共济,却大闹起学潮来。不久,教育部任命滕固来任校长,林风眠和赵太侔相继离开了学校。学潮平息后,我们又开始了如饥似渴的学习,学校已盖起木板教室,教室里依旧画裸体。一路奔波,沿途也组织了宣传队,画过抗日宣传画,但思想深处并不以为那些也是艺术,如今有了木板画室,便又权作象牙之塔。虽然认为只有画人体才是艺术基本功的观念不可动摇,但生活的波涛毕竟在袭击被逐出了天堂的师生们,他们跌入了灾难的人群中,同尝流离颠沛之苦,发觉劳动者的"臭"和"丑"中含蕴着真正的美。大家开始爱画生活速写,在生活中写生:赶集的人群、急流中的舟子、终年背筐的妇女、古老的滨江县城、密密麻麻的木船、桅樯如林、缆索缠绵、帆影起落……挑、抬、扛、呼喊、啼哭……浓郁的生活气息包围着我们,

写生中的吴冠中

启示了新的审美观，在杭州时顶多只能画画校内小小动物园里的猴子和山鸡，那"春水船似天上座"的西子湖实在太平淡了！同时出现了新风尚：湖南土产蓝印花布被裁缝成女同学的旗袍、书包，确乎显得比杭州都锦生的织锦更美！

虽然僻处湘西，仍常有日本飞机来袭的警报，一有警报便停课，大家分散到山坳里躲藏。事实上日机一次也没来投过炸弹，我便利用警报停课的时间，躲在图书馆里临摹《南画大成》，请求管理员将我锁在里面，他自己出去躲藏。那时制度不严，他善意地同意了，我今天还感激他的通融，让我临完了许多长卷。就当警报声中我锁在图书馆里临古画的时期，罗工柳、彦涵等不少同学离开了学校，据说是出外谋生，直到解放后才知他们是去了延安。留在学校的我们，破衣烂衫，依靠教育部每月五元的"战区学生贷金"生活。

敌人步步紧逼，长沙大火，沅陵又不能偏安了，学校决定搬迁昆明。搬迁计划分两步走，先到贵阳集中，再赴昆明。靠一位好心的医生给我找了不花钱的车（当时叫"黄鱼车"），我省下了学校发给的旅费，用以买画具材料。到贵阳又住进一个天主堂，几人合用一张小学生的课桌，于是有人偏重练习书法，有人专门出外画速写。速写，那是离开杭州后才重视的宝贵武器，董希文画速写最勤奋，卢是练书法最有恒心。我们遇上了惨绝人寰的贵阳大轰炸。每遇空袭警报，我们便出城画速写。那一天，我爬到黔灵山上作画，眼看着一群日本飞机低飞投弹，弹如一阵黑色的冰雹，满城起火，一片火海，我丢开画具，凝视被死神魔掌覆盖了的整个山城，也难辨大街小巷和我们所住天主堂的位置。等到近傍晚解除警报，我穿过烟雾弥漫的街道回去，到处是尸体，有的大腿挂在歪斜的木柱子上，皮肉焦黄，露着骨头，仿佛是火腿。我鼓着最大的勇气从尸丛中冲出去，想尽快回到天主堂宿舍。但愈往前烟愈浓，火焰渐多，烤得我有些受不了，前后已无行人，只剩我一人了，才发觉市区道路已根本通不过，有的地方余弹着火后还在爆炸，我急急忙忙退回原路，从城外绕道回到了天主堂。天主堂偏处城边，未遭炸，师生无一罹难，只住在市区旅店的常书鸿老师等的行李炸毁一空，庆幸人身无恙。

大轰炸促使学校更迫切迁往昆明。做出迁移决定后，有几位勇敢的同学如李霖灿（今任台北故宫博物院副院长）和夏明等，他们决心徒步进入云南。他们步了徐霞客的后尘，也可说是艺术宫里青年学生深入生活的先锋。我曾收到李霖灿沿途寄我的明信片，叙述各地风土人情，并配有钢笔插图。就是他明信片上速写的玉龙雪山使我向往玉龙数十年。1978年，我终于到达了玉龙山，在丽江提起李霖灿，有些老人还记得他，他当年深入少数民族，长期苦心钻研纳西族文字，著书立说，后来以少数民族文字专家的身份进入了台湾地区研究院。

学校迁昆明后，在市里借了个小学开课。因是当时唯一的一所国立艺术专科学校，国内许多有名望的艺术家都曾先后来校任教，许多在地方艺术学校学习过的学生也转学来，于是画风就更多样，但水平也更不齐了。同时，由于招生考试放松，教学要求已不严，学生中有些人并不想认真学艺，只是假个栖身之处，混张文凭，于是有人在搞各式各样的活动，进步的和反动的，有人学英文想当美军翻译，有人想当电影明星，谈恋爱之风盛行起来，对对双双形影不离，这在杭州时是绝对禁止的。仍不乏苦学苦钻的苦学生，有一位祁锡恩，学习解剖学苦无完善的教本和满意的教师，便自己土法编制，将从表层到深层的肌肉用多层图纸画出后制成活动解剖图，可一层层揭视，所下的功夫惊人。这时候，滕固校长宣布，请来了傅雷先生当教务长，大家感到十分欣喜，对傅雷是很崇敬的。傅雷先生从上海转道香港来到昆明，实在很不容易，他是下了决心来办好唯一的国立高等艺术学府的吧！他提出了两个条件：一是对教师要甄别，不合格的要解聘；二是对学生要重新考试编级。当时教师多，学生杂，从某一角度看，也近乎战时收容所。但滕校长不能同意傅雷的主张，傅便又返回上海去了。师生中公开在传告傅雷离校的这一原由，我当时是学生，不能断言情况是否完全确切，但傅雷先生确实并未上任视事便回去了，大家非常惋惜。

　　在昆明搞过一次规模较大的义卖画展，展出部分师生的作品，用售票抽签得作品的办法，售款全部捐献抗日。空袭又频，学校迁到滇池边呈贡县的安江村上课。几个村庄里的数座大庙分别作了教室和宿舍，于是要在庙里画裸体，确曾费了不少努力。事过四十余年，一切都渐淡忘，前几年过昆明，我抽暇去安江村寻访旧时踪迹，才又忆起当年教学与生活的点滴。人生易老，四十年老了人面，但大自然的容貌似乎没有变，只是人家添多了，吉普车能曲曲弯弯颠颠簸簸地进入当年只有羊肠小道的安江村了。我仿佛回到了童年的故乡，向父老们探问自己的家，很快就找到了地藏寺旧址，今日的粮仓，昔日的男生宿舍。安江村还有两家茶馆，一家就在街道旁，里面聚集着老年人，烟气茶香，谈笑风生。我和同去的姚钟华同志等进茶馆坐下，像是开展对抗日战争时期国立艺术学府在这个偏僻农村活动的外调工作。老年人都记得"国立艺专大学"，他们是当年情况的目击者。有人说，"我家曾留有一本常书鸿的书，里面有许多照片和图画"，"有一本书里画有老师和学生的像，有的像不画鼻子和眼睛（指一本毕业纪念册）"，"你们那个亚波罗商店……"我们惊讶了，从老农嘴中听到亚波罗，真有点新鲜，我也茫然记不清是怎么回事了。"亚波罗商店不是卖包子、面条、花生米吗？"我才回忆起当年有几个沦陷区同学，课余开个小食品店挣钱以补助学习费用。"你们见什么都画，我们上街打酱油，也被你们画下来了，还拿到展览会展览。"在佛庙里画裸体，这更是给老乡们留下了难忘的记忆，他们记得画裸体时如何用炭盆生火，画一阵还让憩一憩，并说出了好几个模工的姓名，其中一位女模工李嫂还健在，可惜未能见到这位老太太，估计我也曾画过她，多想同她谈谈呵！"你们如不搬走，本计划在此盖新房、修公路，战争形势一紧张，你们走得匆忙，留下好多大木箱，厚本厚本的书，还有猴子、老鹰（静物写生标本)……直到解放后还保存着一些。"我们问村里有没有老师们的画,他们说多得是,有西画、国画、人像……"谁家还有?""破四旧都烧掉了。"最后我们重点找潘天寿、吴茀之和张振铎老师合住过的旧址,凭记忆找到了区域位置,但那里有两三家都住过教师,房子结构和院落形式都相似,一时难肯定是哪一家,偏偏关键的老房东又外出了。

　　正如老乡所说,由于战争形势紧张,越南战局危及昆明,学校又从安江村搬迁四川璧山县。滕固校长卸职,由吕凤子先生接任校长,吕先生先已住在璧山县办正则中等艺校,也由于这个方便艺专迁到了璧山县。在安江村时期,已由潘天寿老师等提出中国画与西洋画分家,独立成中画系。吕先生自然也是赞助国画独立的,于是招生也就分别考试,中画系学生的素描基础大都较差,而更像文质彬彬的书生,背诗诵词,年轻轻已具古色古香的文人气派。我自己是鱼和熊掌都舍不得,本来西画学得多,因为崇拜潘老师,一度转入中画系,但感到不能发挥色彩的效果,后又转回西画系,因之必须比别人多学一年。

　　璧山县里借的"天上宫"等处的房子不够用,便在青木关附近的松林岗盖了一批草顶木板墙教室,学生宿舍则设在山顶一个大碉堡里,上山下山数百级,天天锻炼,身体倒好,就是总感到吃不饱。先是抢饭,添第二碗时饭桶里已空,每人都改用大碗,一碗解决,有人碗特大,满装着高如宝塔的饭,他坐下吃,你对面看不到他的脸。后来改用分饭的办法,以桌为单位平均分配,于是男同学极力拉女同学编成一桌,总还是感到饿和馋。有一回,我们几个人打死一条狗,在一位广东同学的指导下,利用教室里画人体的炭盆煮狗肉吃,当然是夜间偷着吃,第二天教室里仍是腥味熏天,关良老师来上课,大家真担心!

　　画人体,画人体,千方百计画人体,毕业后便永远与人体告别!历届毕业同学到哪里去了?谁知道!自寻门路去了!黄继龄在昆明刻图章,据说有点小名气,董希文去了敦煌,卢是随王子云老师的文物考察团去了西北，这些都是最难得的机会。现在轮到我毕业了，先努力想找个中学图画教员的工作，结果在一个小学当了临时代课教员，幸而不久在国立重庆大学建筑系找到了助教工作，教素描和水彩，实在是太偶然的好机会了，令同学们羡慕。我于是开始全力攻法文，等待时机到巴黎去，那里才有我一直追求的坚厚伟大的象牙之塔吧！我那可怜的母校，背着一群苦难的儿女长途颠沛流离的娘亲，又从青木关搬迁到了磐溪，由陈之佛先生接任吕凤子的校长。

　　终于盼到了日本侵略者的投降，1946年，国立艺术专科学校又一分为二，回到了杭州和北平，这便是今天中央美术学院和浙江美术学院的前身。我也终于钻进了巴黎坚固的象牙之塔，在那有三百年历史的美术学院里安心画人体，解除了在风雨飘摇中不断搬迁的忧虑。我确乎在人体中学习到基本功和不少造型艺术的重要因素，但一味钻进去，感到此中已找不到艺术的出路和归宿。巴黎的蒙马尔特有一处广场麇集着卖画的艺人，画得都很没意思，许多画家还以当场画像招徕主顾。这里正被世界各国的旅游者们视为巴黎的名胜风光，我在巴黎的几年中只去看过一次，一看立即感到一阵心酸，这些乞儿一般的同道们大都也曾在象牙之塔里受过严格的技法训练。我开始对长期所追求的象牙之塔感到虚空和失望！而被赶出杭州后一路的所见所闻：泥土和江流、贫穷和挣扎、血腥和眼泪……不断向我扑来，而且往往紧啮着我的心脏，当年我总怨这些无可奈何的客观现实在干扰我们的学习，时时在摧毁我们的象牙之塔！在海外初次读到《在延安文艺座谈会上的讲话》时，对生活源泉的问题特别感到共鸣，大概就是由于先已体验了生活实践与艺术实践的关系，认识到永难建成空中楼阁的象牙之塔吧！我回到了自己的国土上，重新脚踏实地地走路。路，只能在探索中找寻，在人民中找寻！

1985年

望尽天涯路
——记我的艺术生涯

1982年春天的一个下午,我和秉明走进巴黎私立的业余美术学校"大茅屋"。

三十年前,我每天上午到巴黎美术学院学习,下午参观博物馆、画廊,到鲁弗尔(指卢浮宫)美术史学校听课,晚间除去补习法文的时间外,便总是在这里画人体速写。

"大茅屋"虽非茅屋,也确是简陋的,但这里麇集着世界各国的艺术家,男女老少,人头济济,还是老样子、旧气氛。只是我没带画夹,也忘掉流失了的三十年岁月。

出了"大茅屋",我们进入附近一家小咖啡店,也是三十年前常去的老店,相对坐下,额头的皱纹对着额头的皱纹,昔日的同窗已是两个年过花甲之人。雕刻家熊秉明现任巴黎大学东方语言文化学院中文

吴冠中与熊秉明谈话

系的主任,我呢,是以中国美术家代表团团长的身份,刚访问了西非三国,路经巴黎返国。我总不忘记秉明讲过的一个故事,说有三个寓居巴黎的俄国人,他们定期到一家咖啡店相聚围着桌子坐下后,便先打开一包俄国的黑土,看着黑土喝那黑色的咖啡。我很快意识到忘了带一包祖国的土,那撒进了周总理骨灰的土!我立即又自慰了,因我很快就要飞回北京,而秉明近几年来也曾两度返国。

那是多年前的事了,他写信告诉我,他将自己的寓所题名"断念楼"。在恋爱纠纷中,爱憎的交错中,人们也许下过断念的决心,但对母亲,对祖国之爱真能断念吗?我复信偏偏直戳他的痛处:"楼名断念,正因念不能断也!"

留在巴黎的老同学不止秉明,还有法学博士志豪、史学家景权……及著名画家无极和德群,他们都各自做出了贡献,为祖国争得了荣誉。秉明问:"如果你当年也留在巴黎,大致也走在无极、德群他们的道路上,排在他们的行列里,你满意吗?"我微微摇头,秉明也许知道我会摇头,这摇头的幅度远及三十年,六十年!

1946年,我和秉明等四十人考取了留法公费,到巴黎学习。我曾打算在国外飞黄腾达,不再回没有出路的旧中国。凭什么站住脚跟呢?凭艺术,为艺术而生是我当时的唯一愿望。花花世界的豪华生活于我如浮云,现代艺术中敏锐的感觉和强烈的刺激多么适合我的胃口啊!我狂饮暴食,一股劲地往里钻。鲁迅说,吃的是草,挤的是奶。但当我喝着奶的时候却挤不出奶来,我渐渐意识到模仿不是艺术,儿童和鹦鹉才学舌。虽然水仙不接触土壤也开花,我却缺乏水仙的特质,感到失去土壤的空虚。当别人画圣诞节时,我想端午节,耶稣与我有什么相干!虽然我也没有见过屈原,但他像父亲般令我日夜怀念……我不是一向崇拜凡·高、高更及塞尚等画家吗?为什么他们都一一离开巴黎,或扎根于故乡,或扑向原始质朴的乡村、荒岛?我确乎体验到了他们寻找自己灵魂的苦恼及其道路的坎坷。我的苦闷被一句话点破了："缺乏生活的源泉。"

憎恨过政治腐败、生产落后的旧中国的游子怀乡了！故乡的父老兄妹是可亲的，可惜他们全都看不懂我的艺术，无知是他们的罪孽吗？贫穷绝不是他们的过错。我们画室来了一个体态美丽的女模特儿，受到大家的赞扬，但只画了三天便旷课不来了，别人说她投塞纳河自杀了。谁也不知她为什么自杀，但我眼前却浮现了童年见过的几个上吊和投河的青年女尸，她们原都是我认识的美丽的好人。

回想当年离开上海到欧洲去，是搭的美国海轮，船将抵意大利的拿波里港，旅客们将登岸换火车，船上头、二、三等舱的旅客纷纷给服务员小费，一二十美元的小费人家看不上眼，我们四等舱里的中国留学生怎么办？开个紧急会，每人出一二元，集成数十元，派个代表送给服务员。人家美国人说，不要我们四等舱里中国人的小费。有一年暑假，我在伦敦度过，经常乘坐那种二层楼似的红色汽车，那车中售票员挂着皮袋，售票的方式同今天北京的情况仿佛，也同时用硬币和纸币。有一回我用一个硬币买了票，身旁一位胖绅士接着拿出一张纸币买票，售票员将刚才我买票的那个硬币找补给他，他轻蔑地摇摇头，售票员只好另换一个补给他。

巴黎美术学院与卢浮宫博物馆只隔一条塞纳河，一桥相通，趁参观人少的时候，我们随时可进馆去细读任何一件杰作。我一人围着米洛的维纳斯转，转来又转去，正好没有什么人参观，静悄悄的，似乎可以同爱神交谈哩。大腹便便的管理员向我姗姗踱来，我想他大概闲得发慌，来同我谈谈艺术解闷吧，便笑脸相迎。他开口了："在你们国家哪有这样珍贵的东西！"我因缺乏急中生智的才华而受惯了闷气，这回却突然开窍了："这是你们的东西吗？这是希腊的，是被强盗抢走的。你们还抢了我们祖先的脑袋，吉美博物馆里的中国石雕头像是怎样来的？"

1982年从巴黎返国后，我又去了西安，在霍去病墓前，在秦俑坑前，在碑林博物馆的汉唐石雕前，我想号啕痛哭，老伴跟随我，还有那么多观众，我不敢哭。哭什么？哭它太伟大了，哭老鹰的后代不会变成麻雀吧！

　　我的老家在宜兴县的农村，家里有十余亩水田，父亲是乡村小学教员，本来还可成小康之家吧，但弟弟妹妹有七八人，生活就很不容易，我必须外出寻找生路，去念不用花钱的无锡师范。为了节省路费，父亲向捕鱼为生的姑夫借了他家的小小渔船，同姑夫两人摇船送我到无锡去投考。招生值暑天，为避免炎热，夜晚便开船，父亲和姑夫轮换摇橹，让我在小舱里睡觉。但我也睡不好，因确确实实已意识到考不取的严重性，自然更未能领略到满天星斗，小河里孤舟缓缓夜行的诗画意境。小船既节省了旅费，又兼作宿店和饭店，船上备一只泥灶，自己煮饭吃。但船不敢停到无锡师范附近，怕被别的考生及家长们见了嘲笑。从停船处走到无锡师范，有很长一段路程，经过一家书店。父亲曾来此替小学校里买过一架风琴，认得店里的一位伙计，便进去问路。那伙计倒还算热情，引我们到路口代叫了一辆人力车。因事先没讲好价，车夫看父亲那土佬儿模样，敲了点竹杠，父亲为此事一直唠叨不止，怨那伙计："见鬼，我要坐车何必向他问路，坐车哪有不先讲价钱的！"

　　老天不负苦心人，他的儿子考取了。送我去入学的时候，依旧是那只小船，依旧是姑夫和他轮换摇船，不过他不摇橹的时候，便抓紧时间为我缝补棉被，因我那长期卧病的母亲未能给我备齐行装。我从舱里往外看，他那弯腰低头缝补的背影挡住了我的视线。后来我读到朱自清先生的《背影》时，这个船舱里的背影便也就分外明显，永难磨灭了！不仅是背影时时在我眼前显现，鲁迅笔底的乌篷船对我也永远是那么亲切，虽然姑夫小船上盖的只是破旧的篷，还比不上绍兴的乌篷船精致。庆贺我考进了颇有名声的无锡师范，父亲在临离无锡回家时，给我买了瓶汽水喝，我以为汽水必定是甜甜的凉水，但喝到口，麻辣麻辣的，太难喝了。店伙计笑了："以后住下来变了城里人，便爱喝了！"然而我至今不爱喝汽水。

师范毕业当个高小的教员，这是父亲对我的最高期望。但师范生等于稀饭生，同学们都这样自我嘲讽，我终于转入了极难考进的浙江大学代办的工业学校电机科，工业救国是大道，至少毕业后职业是有保障的。幸乎？不幸乎？由于一些偶然的客观原因，我接触到了杭州艺专，疯狂地爱上了美术。正值那感情似野马的年龄，为了爱，不听父亲的劝告，不考虑今后的出路，毅然转入了杭艺专。下海了，从此陷入茫无边际的艺术苦海，去挣扎吧，去喝那一口一口失业和穷困的苦水吧！我不怕，只是不愿父亲和母亲看着儿子落魄潦倒。我羡慕没有父母，没有人关怀的孤儿、浪子，自己只属于自己，最自由，最勇敢。抗日战争爆发了，我随艺校迁到内地去，与沦陷区的家乡从此音信断绝，真的成了浪子，可以尽情地、紧紧地拥抱我将为之献身的艺术了。

"水往低处流，人往高处走。"青年人总是不安于自己的现状。我已经当了大学的助教，已经超出了父亲的当小学教员的最高期望。大学校长在一次助教会议上说："助教不是职业，只是前进道路中的中转站……"当时确实没有白胡子助教，要么早已改行了。留学！这是助教们唯一的前程，夜深沉，我们助教宿舍里灯光不灭，这里是名副其实的留学生预备班。我的老师们大都是留法的，他们谈起过勤工俭学的留学生涯，也有因没有路费便到海轮上充当水手混出国的，自然这也便是我追踪的一条窄路了。没有钱，只要能出了国，便去做苦工，或过那半流浪式的生活，一切为了至高无上的艺术！但要混，首先要通法语，否则怎么混得下去呢？后来我才知道，不通法语混下去的"留学生"也还是有的，那就是靠了娘老子给的许多许多的钱。我于是下决心攻读法文。在艺术学校时奋力钻研艺术技巧，对法语学得很马虎。亡羊补牢，犹未为晚。我利用沙坪坝大学区的有利环境，到中央大学外文系旁听法文，同时兼听初、中及高级班法文，饿得慌啊！经人介绍认识了焦菊隐先生，跟他补习法文；又经人介绍认识了近郊天主堂里的法国神父，只要他约定了时间，无论是鹅毛大雪或是暴雨之夜，泥泞滑溜的羊肠小道，从未能迫我缺一次课。精力还有剩余，到重庆旧书店里搜寻到一批脏旧破烂的法文小说，又找来所有的中文译本，开始逐字逐句对照着读，第一本读的是《茶花女》，其后是《莫泊桑小说选》《包法利夫人》《可怜的人们》……读了高高一堆了，每读一页，往往得花上半个小时以上的时间，手里一直捏着那本已被指印染得乌黑乌黑的字典。当时吃的糙米饭里满是沙子、稗子、碎石子，人称百宝饭，吃饭时边吃边捡，全神贯注，吃一碗饭要花许多工夫。我突然发觉，这与我读法文捡生字时是多么相似！捡，捡，那一段捡生字和沙子的生活多值得怀念啊！

喜从天降，日本投降了。此后不久，教育部考选送欧美的公费留学生，其中居然有两个绘画名额，我要拼命夺取这一线生机。我的各门功课考得都较满意，唯有解剖学中有关下颌骨的一个小问题答得有些含糊，为此一直耿耿在怀，闷闷不乐。到沙坪坝街头去看耍把戏解解愁吧，那卖艺人正摆开许多虎骨和猴头，看到那白惨惨的猴头下颌骨，真像箭矢直戳心脏似的令我痛心！直到几个月后，留学考试发榜，我确知被录取了的时候，这块可恶的下颌骨才慢慢在我心头松软下去。

我到了巴黎了，不是梦，是真的，真的到了巴黎了。头三天，我就将卢浮宫博物馆、印象派博物馆（奥赛博物馆）和现代艺术美术馆（法国国立现代艺术美术馆）饱看了一遍，我醉了！然而我的黄皮肤和矮小个儿，那一身土里土气的西装，受不到人们的尊敬。虽说明显地表示蔑视的事例不算太多，但触及自尊，谁不敏感呢！有一回，我到意大利偏僻的小城锡耶纳去看文艺复兴早期的壁画，在街头，有一个妇女一见我便大惊失色地呼叫起来。她大概是乡下人，从未见过东方人，她的惊恐中没有蔑视和恶意，但通过她这面镜子，我还是有自知之明的。我用人家的语言同人家谈话，说得不如人家流畅，自己很感别扭，心情不舒畅。在国内，我曾以能讲点法语为荣，在巴黎，反因为什么不能用自己的语言同人谈话，感到低人一等！留学，留学，留在异邦，学人家的好东西。那些好东西自己没有，委屈些吧，忍气吞声也要学到手。我曾利用假期，两次到意大利参观博物馆，却一回也没有进过餐厅。面包夹香肠比重庆的百宝饭要高级多了，但找个躲着吃的地方却不太容易。

半年，一年，我首先从同学和老师处逐渐地得到真心实意的尊重和爱护。绘画这种世界语无法撒谎，作品中感情的真假、深浅是一目了然的，这不是比赛篮球，个儿高的未必是优胜者。那是在三年公费读完的时候，苏弗尔皮教授问我：要不要他签字替我申请延长公费？我说不必了，因我决定回国了。他有些意外，似乎也有些惋惜。他说："你是我班上最好的学生，最勤奋，进步很大，我讲的你都吸收了。但艺术是一种疯狂的感情事业，我无法教你……你确乎应回到自己的祖国去，从你们祖先的根基上去发展吧！"教授感到意外是必然的，我原计划还要住下去，如今改变初衷，突然决定回国，也出乎自己的意料。天翻地覆慨而慷，从异邦看祖国，别人说像是睡狮醒来了。不，不是睡狮之醒，是多病的母亲大动手术后，终于恢复健康了。我已尝够了孤儿的滋味，多么渴望有自己健康长寿的母亲啊！那时，解放区的两位女代表在巴黎一家咖啡店里，同我们部分留学生相见，张挂起即将解放的全国形势图，向我们讲解共产党对知识分子的政策，欢迎我们日后回国，参加新中国的建设。形势发展得很快，待到中华人民共和国成立时，我们在学生会里立即挂起了五星红旗。于是学生会与国民党的大使馆之间展开了激烈的斗争，国民党的大使曾以押送去台湾来威胁我们，但不久使馆里的好几位工作人员起义支援学生了。形势发展很快，在我们留学生的脑海中，也掀起了波涛，回不回国的问题像一块试金石，明里暗里测验着每个人对祖国的感情。回去？巴黎那么好的学习环境，不是全世界艺术家心目中的麦加吗，怎能轻易离开？何况我只当了三年学生，自己的才华还未展露，而且说句私房话，我这个黄脸矮个儿中国人，有信心要同西方的大师们来展开较量！不，艺术的较量不凭意气,脚不着地的安泰①便失去了英雄的本色,我不是总感到幽灵似的空虚吗?回去,艺术的事业在祖国,何况新生的祖国在召唤,回去!我已经登上归国的海轮了,突然又后悔了,着急起来,急了一身汗,醒来原是一梦。啊,幸而我还睡在巴黎!过几个月,还是决定要回去。终于登上海轮了,确实登上了海轮,绝不是梦了,那是1950年夏天。

归航途中,游子心情是复杂的,也朦胧,我情不自禁地在速写本的空白处歪歪斜斜记下了一些当时的感受,且录一首:

> 我坐在船尾,
> 船尾上,只我一人。
> 波涛连着波涛,
> 一群群退向遥远。
> 那遥远,只是茫茫,没有我的希望。
> 猛记起,我正被带着前进!
> 落日追着船尾,
> 在海洋上划出一道斜辉,
> 那是来路的标志……

我并不总坐在船尾,而更多地憧憬着来日的艺术生涯。河网纵横的家乡,过河总离不开渡船,压弯了背的大伯,脸上有伤疤的大叔,粗手笨脚的大婶,白胡子老公公,多嘴的黄毛丫头…还有阿Q吧,他们往往一起碰到渡船里来了,构成了动人心魄的画面。我想表现,表现我那秀丽家乡的苦难乡亲们,我想表现小篷船里父亲的背影和摇橹的姑夫,我想表现……我想起了玄奘在白马寺译经的故事,我没有取到玄奘那么多经卷,但我取

---

①安泰是希腊神话中的英雄,但他一离地面便失去力量。

到的一些造型艺术的形式规律，也是要经过翻译的，否则人民的大多数不理解。这个翻译工作并不比玄奘的轻易，需要靠实践来证明什么是精华或糟粕，我下决心走自己的路，要画出中国人民喜爱的油画来，靠自己的脚印去踩出这样一条路。

到北京了，我这个生长于南方的中国公民还是第一次见到北京。在北京天安门的观礼台上，我看到第一个国庆节日浩浩荡荡的游行队伍。我这矮个儿拔高了，我的黄脸发红光了。我被分配到中央美术学院任教，我多么想将西方学来的东西倾筐似的倒个满地，让比我更年轻的同学们选取。起先，同学们是感兴趣的，多新鲜啊，他们确确实实愿意向我学习。过了一年多，文艺整风了，美术学院首先反对"形式主义"，说我是形式主义的堡垒，有人直截了当地提出，要我学了社会主义的艺术再来教课。社会主义的艺术到哪里去学？我不知道，大概是苏联吧！说来惭愧，当我给同学们看过大量彩色精印的世界古今名家专集后，他们问有没有列宾的，我不觉一怔，列宾是谁？我不知道。我曾以为自己几乎阅尽世界名作，哪有连名字都不知道的大画家呢！查法文的美术史，其中提到列宾的只寥寥几行，我的知识太浅薄了！有一天，在王府井外文书店见到一份《法兰西文学报》，头版头条大标题介绍列宾，这报刊我在巴黎时常看，感到很亲切，便立即买回家读。那是著名的进步诗人阿拉贡写的介绍，文章头一句便说："提起列宾，我们法国的画家恐怕很少人知道他是谁。"啊！是这么回事，我几乎要以此来原谅自己的孤陋寡闻了！我所介绍的波提切利、夏凡纳、塞尚、凡·高、高更……同学们一无所知，但他们也很想了解。然而有人说我是在宣扬资产阶级的形式主义，并说自然主义只是懒汉，而形式主义才是真正的恶棍，对恶棍不只是应打倒的问题，要彻底消灭。造型艺术中的形式问题，没有人认真研究。什么是形式主义，谁也不敢去惹。在那些"无产阶级立场坚定"的人的眼里，我这个从资本主义国家留学回来的"资产阶级知识分子"，满身是毒素，他们警惕地劝告同学们别

蒙马特（四）　　1989年　　10号画布·油彩

姉妹　92.5cm×60cm　1990年　麻布・油画

吴家作坊　　69cm×68.5cm　　1992年　　宣纸·水墨

花花世界　　70cm×70cm　　1992 年　　宣纸·水墨

中我的毒。我终于被调到清华大学建筑系，教教水彩之类偏于"纯技法"的绘画课程。后来又离开清华到艺术学院任教，那已是提出"双百"方针的时候了。

我被调出美术学院，不只因教学观点是属于资

20世纪80年代，吴冠中在清华大学讲课

产阶级的，还有创作实践中的别扭与苦恼。连环画、宣传画、年画……我搞不好，硬着头皮搞，心情并不舒畅。我努力想在油画中表现自己的想法，实现归国途中的憧憬，但有一个紧箍咒永远勒着我的脑袋——"丑化工农兵"。我看到有些被认为"美化了工农兵"的作品，却感到很丑。连美与丑都弄不清，甚至颠倒了——据说那是由于立场观点的不同，唯一的道路是改造思想。我真心诚意地下乡下厂，与工农群众同吃同住，吃尽苦中苦，争做人中人。劳动，批判，改造；再劳动，再批判，再改造，周而复始地锻炼，直到"文化大革命"。我想自己是改造不好的了，不能再表现我触摸过他们体温的乡亲们，无法歌颂屈原的子孙了！但我实在不能接受别人的"美"的程式，来描画工农兵。逼上梁山，这就是我改行只画风景画的初衷。

潘光旦先生在思想改造汇报中写过的几句话，我一直忘不了，因为写得真实："农民看到我用的手帕，以为是丝的（其实是布的），我很难过。他们辨出我抽的烟丝同他们抽的原来是一样的，我感到高兴。"我住在农民家，每当我作了画拿回屋里，首先是房东大娘大嫂们看，如果她们看了觉得莫名其妙，她们绝不会批判，只诚实又谦逊地说："咱没文化，懂不了。"但我深深感到很不是滋味！有时她们说，高粱画得真像、真

好。她们赞扬了，但我心里还是很不舒服，因我知道这画画得很糟，我不能只以"像"来欺蒙这些老实人。当我有几回觉得画得不错的时候，她们的反应也强烈起来："这多美啊！"在这最简单的"像"与"美"的评价中，我体会到了农民们朴素的审美力，文盲不一定是美盲。而不少人并非文盲，倒确确实实是美盲，而且还自以为代表了工农兵的审美与爱好。1982年我去了华山，在华山脚下，有些妇女在卖

写生中的吴冠中

自己缝制的布老虎，那翘起的尾巴尖上，还结扎着花朵似的彩线，很美。我正评议那尾巴的处理手法，她解释了：不一定很像，是看花花么，不是看真老虎！

我并不以农民的审美标准作为唯一的标准，何况几亿农民也至少有千万种不同的审美趣味吧。我并没有忘记巴黎的同学和教授，我每作完画，立刻想到两个观众，一个是乡亲，另一个是巴黎的同行老友，我竭力要使他们都满意。有人说这不可能，只能一面倒，说白居易就是雅俗共赏的追求者，因之白诗未能达到艺术的高峰。但我还是不肯一面倒，努力在实践中探寻自己的路，不过似乎有所侧重，对作品要求群众点头，专家鼓掌。

"搜尽奇峰打草稿"。三十个寒暑春秋，我背着沉重的画具踏遍水乡、山村、丛林、雪峰，从东海之角到西藏的边城，从高昌古城到海鸥之岛，住过大车店、渔家院子、工棚、破庙……锻炼成一种生理上的特异功能：当我连续作画一天时，中间可以不吃不喝。很多朋友为我这种工作方式担心，有时中间勉强我吃个馒头，结果反倒要闹消化不良的毛病。我备的干

粮，总是在作完画回宿处时边走边啃，吃得很舒服。那才是西太后的窝窝头呢。饮食无时学走兽，我特别珍惜这可贵的生活能耐，这是我三十年江湖生涯中所依靠的"后勤部长"啊！如今齿危兮，发斑白，怕我这位忠心耿耿的"后勤部长"亦将退休了！"旅行写生"一词，本不含有什么恶意或贬义，只在"文化大革命"中被批判为"游山玩水"。但我一向很不喜欢称我的工作为"旅行写生"。我不是反对别人在游山玩水中同时写生，只是我自己从未体验过边旅行边写生的轻松愉快。1959年酷热的夏天，我利用暑假，自费到海南岛去，背着数十公斤的油画材料和工具，坐硬座车先到广州。火车晚点，抵广州时已是晚上十点来钟，站上排着好几条长长的队伍，我两肩背着两手提着笨重的行李，一步一步挪动着排在队尾，弄不清队头的情况，只好全凭别人的指点。我不懂广东话，别人给我比画，到底还是弄错了，排了半个多小时的队，才看出我原来是排在买西瓜的行列里。于是重新排入登记旅店的队，再排乘坐三轮的队，及至抵达遥远的一家小旅店时，店主人说没有空床。我说是登记处指定来住的，他说那是昨天的空床，此刻已是半夜一点多了。从广州返回北京时，我的行李已变成大包的油画，画在三合板上，油色未干透，画与画之间留有空隙，千万不可重压，但行李架上已积压得满满的了。无可奈何，只好将画安置在自己的座位上。我从广州站到北京，站肿了腿，但油画平安无恙地到家了，我很满意。

"四人帮"倒台后，我的情况好起来，被邀请出去作画和讲学的机会多起来，坐飞机、坐软卧，而且当地总有不少美术工作者照顾着，陪同下去作画，有时还有摄影工作者跟着，拍摄我作画的镜头。我很不喜欢那些表现画家作画的镜头，绝大多数都是装腔作势，反使观众误解画家的工作。风和日丽的好天气，一群人前呼后拥地围着我一同到野外写生，摄影师忙开了，要我这样、那样地摆姿势，有时我正工作紧张，连蚊子咬在手臂上都抽不出手去拍打，可我却往往要为摄影而变换位置。

1979年的冬末，我在大巴山中写生，冒着微雨爬上高山之巅，去画那俯视下的一片片明镜似的水田。天寒手冻，居然还有一位青年女画家罗同志坚持着跟我上山。我们在公路边选定角度，路边的小树尚未发芽，便将伞扎在它瘦瘦的躯干根部，勉强遮着点画面和调色板，人蹲着画，张开着双臂的背又从另一面保护了画面。细雨不停，我们的背湿透了，手指逐渐僵硬起来。这都不算什么，最怕那无情的大卡车不时在背后隆隆驶过，激起泥浆飞溅。快！我们像飞机轰炸下掩护婴儿的妈妈，急忙伏护画面，自己的背上却被泥浆一再地挥写、渲染，成了抽象绘画。真可惜，这时却没有跟踪的摄影师！

我之不喜欢"旅行写生"这名词，不仅是由于它会令人误以为写生是轻松的旅行，更由于它是对写生的实质的一种误解，"旅行写生"不意味着只是图画的游记吗？最近有人问我对文人画看法，我说文人画有两个特点，一是将绘画隶属于文学，重视了绘画的意境，是其功，但又往往以文学的意境替代了绘画自身的意境，是其过；另一特点是所谓笔墨的追求，其实是进入了抽象的形式美的探索，窥见了形式美的独立性。由于对西方现代艺术的爱好，我重视形象及形式本身的感染力，鱼和熊掌都要。我不满足于印象派式的局限于一定视觉范围内的写生；我也不满足于传统山水画中追求可游可居的文学意境。我曾长期采用在一幅画中根据构思到几个不同地点写生的方式，并用其所得组织画面，我谓之边选矿，边炼钢。目的是想凭生动的形象来揭示意境。多数群众从意境着眼——他们先听歌词。而对美术有较深修养的专家则重视形式，分析曲谱。作者呕心沥血，在专家与群众之间沟通，三十年过去了，三十年功过任人评说。

我本来年年背着画箱走江湖，而"文革"期间，在部队管理下劳动的那几年中，每天只能往返于稻田与村子间，谈不上"旅行写生"了。但背朝青天、面向黄土的生活，却使我重温了童年的乡土之情。我先认为北方农村是单调不入画的，其实并非如此，土墙泥顶不仅是温暖的，而且造型简朴，色调和谐，当家家小院开满了石榴花的季节，燕子飞来，又何尝不是桃花源呢！金黄间翠绿的南瓜，黑的猪和白的羊，花衣裳的姑娘，这种纯朴浑厚的色调，在欧洲画廊名家作品里是找不到的。每天在宁静的田间来回走好几趟，留意到小草在偷偷地发芽，下午比上午又绿得多了，并不宁静啊，似乎它们也在紧张地奔跑哩。转瞬间，路边不起眼的野菊，开满了淡紫色的花朵，任人践踏。我失去了作画的自由，想起留在巴黎的同行，听说都是举世闻名的画家了，他们也正在自己的艺术田园里勤奋耕作吧，不知种出了怎样的硕果。会令我羡慕、妒忌、痛哭吧！没有画笔，我在脑子里默写起风景诗来：

村外，水渠纵横，
路边，苇塘成片……

我的诗情画意突然被一件意外的事情击个粉碎。由于我的痔疮严重起来，走路困难，领导让我留在村子里副业组养鸭。感谢领导的照顾，我工作中格外兢兢业业。但偏偏有一只黄毛乳鸭突然死了，有人说我心怀不满，打死鸭子是阶级报复，于是解剖小鸭，说内脏无病，只头骨有青色，证明是打死的。指导员根据"无产阶级立场坚定者"的汇报，要我向群众检查打死鸭子的思想根源。天哪，我怎能打鸭子呢？但像我这样资产阶级立场的人，讲话只能算是顽抗，指导员要发动全连批判我。夜晚，我这一向不哭泣的人落泪了，睡在同一炕上的同学劝慰我，我说这简直是《十五贯》。第二天，这位同学用不平的口吻在群众中评议此事，并又重复了我引的《十五贯》比喻。指导员又把我叫到连部，我以为他可能发现了自己的武断与粗暴，要同我谈谈思想了吧！然而他更加愤怒了，声色俱厉地责问我说过了什么，我愕然了。他盛怒之下卷了卷衣袖："老子上了《水浒传》了！"我更摸不着头脑，他看我确是尚未开窍，补充道："《十五贯》

不是《水浒传》吗？你以为只你聪明，我没有看过嘛！"但他终于没有能发动起全连对我的批判会，因绝大部分党员和群众都主张先调查研究。

在部队劳动锻炼的末期，有一些星期日允许我们搞点业务，可以画画了。托人捎来了颜料和画笔，但缺画布。在村子里的小商店，我买到了农村地头用的轻便小黑板，是硬纸压成的，很轻，在上面刷一层胶，就替代了画布。老乡家的粪筐，那高高的背把正好作画架，筐里盛颜料什物，背着到地里写生，倒也方便。同学们笑我是"粪筐画家"，但仿效的人多起来，形成了"粪筐画派"。星期日一天作画，全靠前六天的构思。六天之中，全靠晚饭后那半个多小时的自由活动。我在天天看惯了的、极其平凡的村前村后去寻找新颖的素材。冬瓜开花了，结了毛茸茸的小冬瓜。我每天傍晚蹲在这藤线交错、瓜叶缠绵的海洋中，摸索形式美的规律和生命的脉络。老乡见我天天在瓜地里寻，以为我大概是丢了手表之类的贵重东西，便说："老吴，你丢了什么？我们帮你找吧！"

1973年前后，我回到北京，打开锁了多年的凶宅似的宿舍，老伴和下乡插队的孩子们也陆续返回。我在自己的家里作起画来，不必再提心吊胆。我又开始走江湖，拥抱大好河山，新作品又一批批诞生了。然而好景不长，"黑画"风波又起，我将自己的画分成许多包分散地藏到与美术界无关系的亲友家去。心想，也许等我火葬后，它们将成为出土文物吧！

真正能心情舒畅地作画，那是在"四人帮"被粉碎以后了。家里画不开大幅油画，画了也无法存放，我便同时用宣纸作起大幅水墨画来，画后便于卷折存放。在油画中探索民族化，在水墨中寻求现代化，我感到是一件事物之两面，相辅相成，艺术本质是一致的。1979年，我的个人画展在中国美术馆举行，展出的油画和水墨画便是我探索的杂交品种。我不否认是艺术中的混血儿。有人爱纯种，说油画要姓油，国画要姓国，他们的理由与爱好，谁也干预不得，但在东、西方艺术之间造桥的人却愈来愈多，桥的结构日益坚固，样式也日益新颖，我歌颂造桥派！

刘姥姥进大观园，长期与外界隔膜，突然回到三十年前的学习旧地巴黎，在现代艺术的光怪陆离中，有时感到有些眼花缭乱，有时又不无一枕黄粱之叹！看了非洲的、美洲的、日本的、南斯拉夫的与菲律宾等等的现代艺术，感到欧美现代艺术确是世界化了，面目在雷同起来，颇多似曾相识之感，尽管是五花八门、日新月异，但真正动人心弦的作品并不太多。艺术的发展不同于科学的飞跃，它像树木，只能在土壤中汲取营养，一天天成长，标新立异不是艺术，揠苗助长无异自取灭亡，但那种独创精神和毫无框框的思路，对我们则是极好的借鉴。在巴黎，在已成名家的华裔老同学们的作品中，我感到一种与众不同的亲切，听到了乡音，虽然他们的作品是抽象的，但像故国的乐曲，同样是熟悉的。也由于这东方故国之音吧，他们在西方世界赢得了成功！欧美现代艺术的世界化与民族艺术的现代化之间是怎样一种关系呢？其间有一见钟情的相爱，又有脾气不同的别扭。我珍视自己在粪筐里画在黑板上的作品，那种气质、气氛，是巴黎市中大师们所没有的，它只能诞生于中国人民的喜怒哀乐之中。遗憾的是，世界人民看不到或太少见到我们的作品。三十年前的情景又显现了。又记起了回国不回国的内心尖锐矛盾，恍如昨日，不，还是今日。回国后三十年的酸甜苦辣，我亲身实践了；如留在巴黎呢？不知道！秉明不已做出了估计嘛："大概也走在无极、德群他们的道路上，排在他们的行列里。"无极和秉明去年都曾回国，都到过我那破烂阴暗的两间住室里。为了找厕所，还着实使我为难过。我今天看到他们优裕的工作条件，自卑吗？不。我虽长期没有画室，画并没有少画。倒是他们应羡慕我们：朝朝暮暮，立足于自己的土地上，拥抱着母亲，时刻感受到她的体温与脉搏！我不自觉地微微摇头回答秉明的提问时，仿佛感到了三十年的长梦初醒。不，是六十年！

载《人民文学》1982年第10期

霜叶吐血红
——自己的心路历程

> 永远这样推向新的边岸，
> 无尽长夜中有去无返，
> 在岁月的海洋中我们几曾能够，
> 仅仅抛锚一天？
> ——拉马丁：《湖》篇首

性格决定命运。坚毅克服困难，似乎凭意志总能抵达目标。但，终于觉察自己成了老人，毕竟来日无多，任凭怎样拼搏也追不回青春，留不住时光，是再也无法挽救的哀伤了，人们观赏红叶，红叶，血色黄昏。

歧途的选择决定命运。1919年，我诞生于宜兴农村，家庭贫困，逼我个人奋斗，去投考不花钱的学校，毕业后有职业保证的学校。这类学校都极难考上，我在考试中永远是优胜者，且名列前茅。先念省立无锡师范，后念浙江大学代办省立高级工业职业学校电机科。十七岁的青年感情似野马，一个偶然的机缘我接触到了国立杭州艺专，那个艺术的天国使我着迷了，苦恋了。一见钟情的婚姻往往潜伏着悲剧吧，但我心甘情愿，违背着父母的意愿，我转入了杭州艺专，从此投入了艺无涯的苦海中沉浮。这是人生第一次歧途的大抉择，决定一个人一生的命运。我非不知学艺者他日将贫穷落魄，但我属于我自己，自己糟蹋自己谁管得！只暗暗愿我的父母在没有见到我落魄前于满怀希望中逝世，我唯一的恐惧，就是我自己刺伤他们。读莫泊桑小说《牡蛎》，我似乎已经是漂泊在海轮上卖牡蛎的浪子了。

日本侵略，国土沦丧，我随杭州艺专内迁沅陵、昆明、重庆，开始艰苦的流亡教学历程。因家乡沦陷，音信阻隔，我们沦陷区的学生享受教育部的贷金，我靠贷金读完了艺专，毕业后被国立重庆大学聘任为建筑系助教。在沙坪坝这个文化区任助教很幸运，任教四年也就在中央大学文学院听了四年文史课，主要攻法文。日本投降后，教育部在全国九大城市同时举行各学科的公费留学考试，金榜题名，我争取到了留法公费。于是于1947年到达巴黎留学，实现了最美满的梦想，似乎前途无量了。

满腔热情投入法兰西的怀抱，成了艺术圣地巴黎市的子民，心想从此开始飞黄腾达，不再返回苦难落后的旧中国。我认真学习，探索古典的、现代的艺术精髓，确乎大开眼界，深受启迪。但渐渐地，我的内心在起着深刻的变化。我当时给在上海的吴大羽老师写过不少信，吐露衷曲。不意大羽师家在"文革"中被抄家后发还的材料中还残存我的部分信件，今日读来更看清了当年的自己，不禁战栗。今录1949年初，即我到了巴黎一年半以后的信中章节：

> 羽师，……在欧洲留了一年半以来，我考验了自己，照见了自己，往日的想法完全是糊涂的。在绘艺的学习上，因为自己的寡陋，总有意无意崇拜着西洋，今天，我对西洋现代美术的爱好与崇敬之心念全动摇了，我不愿以我的生命来选一朵花的职业，诚如我师所说，茶酒咖啡尝腻了，便继之以臭水毒药，何况茶酒咖啡尚非祖国人民当前之渴求。如果绘画再只是仅仅求一点视觉的清快，装点了一角室壁的空虚，它应该更千倍地被人轻视，因为园里的一枝绿树，盆里的一朵鲜花，都能给以同样的效果，它有什么伟大崇高的地方，何必糟蹋

如许人力物力。我绝不是说要用绘画来作文学的注脚，一个事件的图解，但它应该能够，亲亲切切，一针一滴血，一鞭一条痕地深印当时当地人们的心底，令本来想掉眼泪而掉不下的人们掉下了眼泪，我总觉得只有鲁迅先生一人是在文字里做到了这功能，颜色和声音的传递感情，是否不及文字的简快易喻。

十年，盲目地，我一步步追，一步步爬，找一个自己也不太清楚的目标。付出了多少艰苦，一个穷僻农村里的孩子，爬到了这个西洋寻求欢乐社会的中心地巴黎，到处看、听。一年半来，我知道这个社会、这个人群与我不相干，这些快活发亮的人面于我很隔膜，灯红酒绿的狂舞对我太生疏，我的心生活在真空里，阴雨于我无妨，因即使美丽的阳光照到我身上，我也感不到丝毫温暖。这里的所谓画人制造欢乐，花添到锦上，我一天比一天更不愿学这种快乐的伪造术了。为共同生活的人们不懂的语言，不是外国语便是死的语言，我不愿自己的工作与共同生活的人们漠不相关，祖国的苦难憔悴的人面都伸在我的桌前，我的父母、师友、邻居，成千成万的同胞，都在睁着眼睛看我，我一想起自己在学习这类近变态性欲发泄的西洋现代艺术，便觉到无限的愧恨和罪恶感。我想一个中国人更爱一个皮匠，他不要今天这样的一个我，因他更懂得皮匠的工作，那与他发生关联。踏破铁鞋无觅处，艺术的学习不在欧洲，不在巴黎，不在大师们的画室，在祖国，在故乡，在家园，在自己的心底……

及三年学习期满，在矛盾的心态中决定不再延长公费，返回解放后的新中国，这是第二次人生歧途的大抉择，影响着我今后的整个艺术生涯，毕竟今后选择的范畴将愈来愈缩小了。

1950年秋回到北京，我先任教于中央美术学院。我将西方取来的经统统倒进课室里，让比我更年轻的学生们选取，他们感到新颖。但后来，文艺整风，我和我取来的经统统遭到批判，说是资产阶级的，是毒害青年，而在巴黎时我还以为我属于无产阶级。我一心想表现苦难中的父老乡亲，不习惯画程式化的工、农、兵形象，更画不了年画、连环画、招贴画，每作画，总被认为是丑化了工农兵。要我学了社会主义的艺术再来教课，到哪里去学社会主义艺术呢，大概是苏联吧，于是我被调出美术学院，到清华大学建筑系教素描、水彩，技法而已，离开了文艺思想斗争的旋涡。后来又调到北京艺术学院任教，归队文艺界，则正当提出"双百"方针的时候了。艺术学院八年是我教课最多的时期，其后院系调整，我调入中央工艺美术学院，教绘画基础课，见缝插针讲点形式美，似乎也是悄悄的。

面对具体作品，在审美观的争论中我绝不屈服。但对两个大前提是认同的，即"来源于生活"与"油画民族化"。不肯迁就庸俗的审美趣味，我下决心改行从事风景画，风景画当时不受重视，不提倡，甚至可说被瞧不起。甘于寂寞，我从此踏遍青山，在风景画中探索油画民族化的道路，这可说是第二次歧途的抉择。为苟全性命（艺术生命），走偏僻的孤独之路，通向艺术伊甸园的羊肠小道，但风景中似乎难于发挥在巴黎时所憧憬的艺术功能了。从此开始了我三四十年背着笨重的油画箱走江湖的艰苦生涯，往往被偏远乡村的老太太们认为是修雨伞或购鸡蛋的。

我采用民族的构思、构图与西方的写实手法及形式美规律的结合，更着力于意境美，因此在每幅作品的创作中都需转移写生角度与地点。移花接木，移山倒海，运用各局部的真实感构建虚拟的整体效果，这与印象派的写生方式是背道而驰了。那封闭的岁月，在封闭中我探索只属于自己的路，这三四十年呵，像埋在土里，倒正是我土生土长的大好年华。我之甘于寂寞，不合时宜，还缘于早先看清了外面的世界，绕过了"孤陋寡闻"。也正由于自身的实践体会，令我衷心欢呼改革开放的新时代。我的一句屡遭批判而至死不改的宣言："造型艺术不讲形式，那是不务正业。"形式美的基本因素包含着形、色与韵，我用东方的韵来吞西方的形与色，蛇吞象，有时感到吞不进去，便改用水墨媒体，这就是我20世纪70年代中期开始大量作水墨的缘由，迄今仍用油彩和墨彩轮番探索。油彩、墨彩，一把剪刀的两面锋刃，试裁新装，油画民族化与中国画的现代化在我看来是同一实体的左右面貌。

作品是升华了的现实，她与现实的关系我曾比作风筝，风筝放得愈高愈好，但断不得线，这线，指的是作品与启示作品的现实母体之间的联系，亦即作者与人民大众间的感情，千里姻缘一线牵。我遇到了严峻的考验。在国内、外的展出中，有人欣赏那线，凭着线，他们懂了，似乎这是欣赏美的向导。有人认为不需那多余的向导，自己欣赏更自在，应断掉那线。人民大众的欣赏水平确乎在不断提高，"阳春白雪"终将流行成"下里巴人"。自然而然，我那风筝的线在变细，更隐匿，或只凭遥控了，但仍没有断，永远不会断。如果说我先承白居易的情，则继后着意探李商隐之境了。

岁月匆匆，今耄矣，又见世事沧桑。为了躲避"破四旧"或烦人的批判，我曾将我的作品分藏亲友处，考虑到待我死后总会有后来的赶路人探寻我的足印作参考吧，那时这些生不逢辰的画图也许将成为"出土文物"。换了人间，不意图画忽有价，我的画价且大步上升，早已流出去的作品被炒来炒去，一度沸沸扬扬。有了身价，从此不得安宁，索画的、出卖友谊的、写匿名信来行凶的、别人为我的画作案入了狱的……不幸我自己也落入了官司的陷阱，就是那指鹿为马的《炮打司令部》荒诞案件，祥林嫂不愿再诉说阿毛的故事，有心人可查阅1995年3月号《新华文摘》，其中载有《黄金万两付官司》，已说得明明白白。鹿死于角，獐死于麝，我将死于画乎！

1998年

黄金万两付官司

电话潮

1994年12月29日，伪作《炮打司令部》案在上海中级人民法院再次开庭，于是我家电话铃声不断，来自海内外的问讯频频，都是亲朋好友及正直人们的关怀，我衷心铭感。这是第二次开庭，第三次电话高潮。我必须将事件作最简要的介绍：

上海画店朵云轩与香港永成拍卖公司，于1993年10月27日联合主办中国近现代字画及古画拍卖会，事前印出的目录中有两幅冒我之名的伪作，一幅《乡土风情》，另一幅《炮打司令部》。我当即通过文化部艺术市场管理局，正式通知朵云轩，请撤下两幅伪作。对方不撤，结果"炮打司令部"以528000港币拍卖成交，并宣扬此画创他们这次拍卖的最高价。海外报纸直截了当讽刺"这是利用毛泽东诞生百周年的热潮，不择手段牟暴利"，赤裸裸揭穿了交易的丑恶本质。我当即在《人民日报·海外版》撰文《伪作〈炮打司令部〉拍卖前后》，揭露真相。而朵云轩却咬定此画确是吴冠中所作，并宣言不须吴本人承认，他们自有权威鉴定。我于是委托中央工艺美术学院，于11月30日代我以侵犯姓名权、名誉权为由，向上海中级人民法院起诉。

1994年4月18日，上海中级人民法院民事庭开庭审理，我家第一次电话如潮。

辩论焦点针对画的真伪问题。画面画毛泽东右手持毛笔的半身像，背景书：炮打司令部，我的一张大字报，毛泽东（原画上分行书写，无标点，左下角落款：吴冠中画于工艺美院一九六：年。这是一幅完完全全抄袭王为政先生原作的劣作（包括毛泽东手书字样）。1967年8月5日《人民日报》头版套红发表《炮打司令部——我的一张大字报》后，当时中央工艺美术学院学生王为政便以此题材创作了这幅主席像，还煞费苦心地从毛主席已发表的许多手书稿中，集合拼凑成画中字样。伪作者抄袭了王的作品，并加上吴冠中画于工艺美院一九六：年。被告说"六："就代表"六六"。也罢，1966年谁敢以1967年发表的重大政治题材作画，而且公然署名？当时批判个人主义，谁作画也不署名，王为政也只盖了个"扫除一切害人虫"的印章。我这个被剥夺创作权的反动学术权威，更是吃了豹子胆，也不可能书写自己的姓名。被告在法庭上居然说，当时作为学生的王为政1967年之作，是抄袭了1966年吴冠中老师之作（即今日之伪作）。30年代，我曾从潘天寿老师学过传统中国画，以临摹山水、兰竹为主，从未画过人物，在油画中则主要画人体。40年代后便没有接触水墨工具。留学返国后，70年代中开始探索彩墨画创新，采用大板刷及自制滴漏等工具，强调对比，突出节奏，画面与传统中国画程式差距甚大，我这些表现手法完全不适合表现受对象局限较大的肖像画，故迄今我从未用水墨画过肖像。伪作张冠李戴，一味为获利而存心欺蒙，根本不顾及风格手法之迥异。

这次开庭没有做出判决，法律专家们认为此案主要是侵犯著作权，于是我又决定聘请北京纵横律师事务所沈志耕律师和上海天人律师事务所柳三泓律师，另以侵犯著作权为由向上海中级人民法院起诉。立案后，根据法律程序，撤去了前一个诉讼请求。

就在知识产权案即将开庭的前一个多月，1994年11月18日，我家发生了第二次电话高潮，这次大都是来质疑，甚至质问，大家都感到惊讶。

我没有订上海《文汇报》，原来这天的《文汇报》上，刊发了这样一条消息：

> 本报讯（记者徐亢美）　老年画家吴冠中不久前令人费解地向上海市中级人民法院提出了撤诉申请。日前，经裁定，市中院民事审判庭根据法律规定，准许其撤回起诉。于是，在海内外媒介上热闹经年的吴冠中"《炮打司令部》假画案"落幕，被告上海朵云轩及香港永成古玩拍卖有限公司自然退出本案。吴冠中在交出减半收取的8800元案件受理费后，留给人们的仍是一个大大的问号：《炮打司令部》一画，假兮真兮？

此次著作权案的开庭自然照明了这条新闻的面目和背景。早在这条新闻发出前，沈志耕律师为二次开庭已向法院提供了有力证据，即中华人民共和国公安部的刑事科学技术鉴定，证明伪作上的落款署名不是吴冠中亲笔所写。被告这回感到情势严峻，于是朵云轩向法院提出了管辖权异议，说官司要到香港去打，被法院驳回。永成则干脆不应诉了，后未出庭，似乎已山穷水尽，朵云轩便炮制了这条新闻，《文汇报》记者未与法院或原告核对便排上版面。

我不了解世界上哪些国家或地区的法律是保卫伪劣假冒或纵容污蔑他人人格的。就说香港，大约是1994年9月份前后，因《东周刊》发表了一篇有损香港大学法学院院长张五常教授名誉的文章，张诉讼，《东周刊》虽道歉，法院仍判定罚款240万港币。这消息《北京晚报》亦曾转载。

这回著作权案开庭，辩论的焦点已转到法律适用方面，朵云轩出示了他们专家证明伪作系我真作的鉴定书，我的律师建议请出这几位专家到法庭作证。令人惊讶的是，这几位专家在答辩中对我的绘画风格、作法，及一般鉴定知识等等一问三不知，他们全是朵云轩的职工，他们这个鉴定小组是在伪作早已卖掉而我向法院起了诉,为开庭而受命组合的。案件虽尚未判决,但人们在乐观中等待着这宗明知故犯、公然贩卖假画案的结果,因这首例美术假画官司,关系到今后对伪造、贩卖冒名作品是开绿灯还是红灯的问题。绘画的真假,有时确乎难于分辨,尤其有些古画更是情况复杂,但有时也能一目了然。这幅《炮打司令部》伪作,根本毋须在艺术问题上纠缠,因为这是"文化大革命"中的现实问题,是特定政治史实案件。众目睽睽,凡经历过"文革"的人们,不用查资料,都能立即做出确切、深刻的答案。请教大量正直的历史见证人吧,他们遍布全国、全球,他们注视这宗官司,也正因由此唤起各自苦难的回忆吧!去年,我随全国政协李瑞环主席访北欧,每到一个国家,当地使馆工作人员、留学生、华侨,都曾向我问及这宗非同寻常的假画案真相。

这样黑白分明的事实,加之已有明文立法,我起先将事情看得很简单,以为很快就能解决,然而一年多的时光流去了。事不息,人不宁,我依然不能恢复正常的创作生涯。一寸光阴一寸金,七十五岁晚年的光阴,实在远非黄金可补偿,黄金万两付官司,我低估了人的生命价值!

一年来,我天天默念着朱自清的《匆匆》,还有法国19世纪诗人拉马尔丁的《湖》。《湖》是情诗,但其对生命流逝的敏感深深刺我内心,试译其开篇第一句写湖水:"就这样!永远推向新的边岸,我们能够?曾经能够?抛一天锚,仅仅一天!"

我抛不了锚,虽来日无多,眼看光阴白白流逝,也无法抛锚!我企望我家第四次电话铃响的高潮,谁知何时?

牌坊其厄

朵云轩与永成联合拍卖,很明显,是利用朵云轩老字号的信誉招徕买主。荣宝斋也几度与香港"协联"联合拍卖,荣宝斋负责作品真伪的鉴定。有一回他们的拍卖目录中,出现了冒我之名的伪作,我电话通知荣宝

天，他们突然来到我家蹲点，说"战士"当天就可能上门作案。吓得我家小保姆直发抖。大约过了一小时，公安人员手中的电话报警，告知案犯已在来我家途中被截获。据后来报道，这伙案犯中的主犯在济南已有杀人前科，早在被追捕中，这次被捕，很快便被枪决了。

70年代末，为人民大会堂湖南厅制巨幅湘绣"韶山"，湖南省委邀我到长沙绘巨幅油画"韶山"作绣稿。我被安排住入湖南宾馆，因那里的大厅便于作巨幅油画。画成后，湖南宾馆要求我作一幅巨幅水墨悬挂厅堂。我便作了巨幅《南岳松》，画面大于整张丈二匹宣纸，宾馆酬我一箱湖南名酒白沙液。此画曾发表于某刊物，事隔二十余年，渐渐淡忘。终于出事了，约两三年前，有妇女携女儿从湖南来京找到我家旧居，哭哭啼啼要见我，我儿子接见了她们。湖南宾馆那幅《南岳松》被换了一幅伪作，在宾馆开省政协会议时，被一位有眼力的政协委员发觉，于是案发。后来破案了，人、赃俱获，巨画尚未出手，案犯就是来京找我求诉的那位妇女的丈夫。当地估价此画值一百万元，盗窃物价值一百万元，该判何罪？我没有接见不明其真相的啼哭妇女，我也无由插入案件。后来案犯的律师又从湖南赶来找我，我也无接见的必要。事隔大约两年，不相识的案犯从狱中给我来信，表示忏悔，并说出狱后要学习绘画云云，我愿他先学做正直的人。

作完巨幅油画韶山，湖南省委征求我对报酬的意见，我只提一个唯一的愿望：派一辆专车让我在湖南省内寻景写生。就是这一次，我无意中发现了张家界，大喜，撰文《养在深闺人未识——张家界是一颗风景明珠》，发表在1980年元旦的《湖南日报》。后来张家界扬名海内外，成为旅游热点，最早的导游手册上，将我的撰文列于篇首。我们在张家界住在工人们的工棚里，我借工人伙房的擀面大案板，由几个人帮助抬到大山脚下当写生画板，画了几幅水墨风景。其中宽于二米高于一米的一幅，曾公开展出，印入画集，后经人要求赠给东北某大宾馆，还付给我三百元材料

墙上秋色　　60cm×92.5cm　　1994年

围城　　140cm×180cm　　1996年　　宣纸·水墨

点线迎春　　54cm×73cm　　1996 年　　麻布·油彩

新城　70cm×140cm　1996年　水墨

斋，他们立即撤下伪作，保护老字号的声誉。最近报道荣宝斋拒绝回扣，只凭货真价实作经营，这是值得表扬的老字号风格，也只有这唯一的正道，才能建立、保持名店信誉。正规拍卖行如失误拍出了赝品，买主在一定期限内证实其伪，则可退货。信誉建立在有错必纠的实事求是作风中。遮丑，欲盖弥彰，则将彻底摧毁百年老店。令人痛惜的是，名店、名牌在经济大潮中眼红伪劣假冒能轻易获暴利，便大胆出卖自己的声誉，杀鸡取卵。朵云轩推托该伪作是永成所提出，管不了对方。中外合资或合作，首先应考虑到民族利益与国家信誉，联合拍卖中如对方提供黄色、反动的作品，你朵云轩又管不了对方，怎么办？

新华社四川分社主办的《蜀报》于1993年8月21日报道了一条新闻，标题是《上海朵云轩首次拍卖蜀中画家作品——彭先诚〈贵妃出浴图〉竟是赝品》，文如下：

《蜀报》成都讯（记者蒋光耘） 记者近日获悉，在解放前就开始经销字画的上海老字号朵云轩首次举行的拍卖活动中，拍卖一幅四川著名画家彭先诚的彩墨画《贵妃出浴图》，竟是一幅极为低劣的赝品。

据画家自己介绍，此事他是今年5月从一朋友口中得知的，当即便给上海朵云轩去信，讲明此画系别人仿制的赝品。朵云轩艺术品拍卖公司在复函中称：这是由于他们工作中的缺点和考虑不周所致，但现在他们是受客户委托拍卖，已刊入拍卖图录之中，公司单方无权撤下。

据悉，这幅编号117，底价为1.2万—1.5万元的《贵妃出浴图》，在6月的拍卖活动中，以2.2万元成交……

报道不必再抄下去，赝品之出手沾了老字号的光。当记者问画家为何不诉诸法律，画家说打官司是件相当耗精力的事，只希望国家能尽快整顿一下字画市场。那次朵云轩是单独经营拍卖，不存在管得了管不了对方的问题，于是创造"印入图录便无权单方撤下"的弥天大谎，这是你家行规？真是欺侮老实人，欺侮老百姓。

我曾年年走江湖，踏遍祖国的角角落落，看到一些尚残留的贞节牌坊。封建时代的贞操观已不适应于今朝，但当年的贞节烈女牺牲了终生生活的幸福，牌坊之矗立是以生命为代价的，来之不易，非一般人所能企及，因之乡间骂人："又要当婊子，又要树牌坊"，含义是广泛的，不仅仅指荡妇。贞节牌坊早已淘汰，烈士纪念碑永远受人朝拜。我想起牌坊或烈士碑，都缘于有感成功与荣誉来之不易。但唯利是图的经营方针中，名店名牌已在变质，牌坊其厄！有人来传言，朵云轩想和解了，我问什么前提，答：吴先生以为是伪作，他们尊重吴先生的意见（仍保留他们认为是真作的意见——其实就是保个面子）。他们想这样保住自己的名声，这是他们想保住老店信誉的最后上策吧，牌坊其厄！

唐僧之肉苦

老伴大病后，尚未痊愈，夜静灯明，我陪她并坐沙发上闲话，话题总围绕共度过的五十个春秋往事。我先学工程，弃而从艺，一味苦恋美术而不考虑生计，真是太任性了。我们恋爱时，她的父亲就担心学艺术的日后总是贫穷，为她着想，不同意我们的结合。她年轻单纯，也任性了，随我投入了预料中的贫穷苦难之海。人生一瞬，今日白发已满头，不意我的画价不断上涨，我成了海内外商人眼中的唐僧肉，被啃咬得遍体鳞伤，我们几乎遭到杀身之祸。

约四年前，自称"来自国防前线的战士"送来一封信，要我给他们战士画若干幅画，必须精品，同时告诫我考虑我及我家人的安全。我们报了案。感谢北京市公安局同志们经几个月认真、细致的侦察、研究，某一费。事过二十余年,几个月前,由友人介绍求我给鉴定一幅画,说那画来自哈尔滨外事办公室,原来就是那幅宽于二米的张家界,大幅画被叠成了一本杂志大小的一厚叠块块,这能是堂堂正正拿出来的吗?

北京一家著名周刊×年纪念时,我应邀赠了一幅《春笋》,并被印入该刊纪念刊中。约四年前,海外藏家买到了这幅落款××周刊纪念的作品,消息反馈到周刊办公室,一查,此画曾由某美编借出,留有收据,便问这位美编,答:此画由吴先生本人借去出版了。追问:应请吴先生写个借条。答:吴先生已定居香港。办公室很快与我直接取得了联系,眼看破案在即,美编说画已取回,他照印刷品仿了一幅伪作。

故事实在数不清了,我曾在《光明日报》发表过一文《点石成金》,倾吐情谊被金钱吞灭的悲凉。新故事仍在不断发生。由于价高,买方千方百计通过各种渠道要让我亲眼鉴定,因之海内外接连不断寄照片来请我鉴定,百分之九十以上是伪作,偶有真的,则其间往往潜藏着令人惊讶的故事。有些画商也许会感到请吴冠中鉴定他的作品,总说是假的——我能冒领儿女吗?!我觉察冒我名的伪作正在大量繁殖,蛆虫的繁殖速度何其惊人!

《西游记》其实早就告诫人们,唐僧肉是苦的。据说朵云轩也在诉苦,他们不得不吞下自己酿造的苦酒、黄连。

老伴体弱,说多了话便累,我们不想再回忆如许丑闻,倒是在丑事中,我更了解到人际关系的底层。善良的人们,年轻的朋友,你们见到的人不少,你们几曾见过人的心魂?我不幸而成为唐僧之肉,却有幸窥见了形形色色的白骨精、黑骨精,光怪陆离的人间幻变之景!

娄阿鼠新市场

"儿子无才能,找些小事情做做,千万不可当空头文学家和美术家。"我忠实遵循了鲁迅先生的遗教。蒋南翔任高教部长时,在一次报告中谈道："给我足够的条件，我可以培养出五十个杰出的科学家，但我不敢保证培养出一个杰出的艺术家。"我当时一听便起共鸣，并因有理解艺术本质的高教部长而深感欣喜。谁培养了鲁迅？半殖民地的祖国、苦难落后的人民、专制独裁的统治、传统文化的深厚功底、西方文化的素养、犀利的眼力、敏锐的感觉、超人的智能……还有：硬骨头。谁能集中那么多条件和机遇呢？而成功的出色艺术家，确乎有其非一般人所具备的条件和机遇。我不让我的孩子学画，怕他们当空头美术家。但我一辈子当美术教师，学生们既然进了修道院，我严格要求他们同我一样当苦行僧，否则不如还俗。西方古代有一位国王说："诗人像一匹马，不能不给它吃，不吃要饿死；又不能吃得太饱，吃得太饱它就跑不动了。"这番话，正道出了艺术家的命运。虽甘于苦难，学艺者没有不想获得惊人成就的，但绝无捷径。凡·高、李贺等短命天才，毕竟只是凤毛麟角，艺术之成长大都依凭漫长岁月的艰苦耕耘，"大器晚成"是艺术成熟的普遍规律，王母娘娘的蟠桃三千年成熟，倒像是揭示了艺术创作规律。最近，一位人过中年的画家请我题词，我赠言："佳酿晚晴熟，霜叶吐血红。"

　　我年轻时进艺术学校，发现同学们的文化水平普遍偏低。当时确有不少学生因考不取正规中学或大学，便只好学美术、音乐及体育等最不受重视的学科。我的大量同学、学生早改行了，淘汰了，固然大都由于社会环境，迫于生计，但也有自身的因素，缺乏较深的文化素养，在艺术道路中难于不断深入探索。路遥知马力的"力"，往往体现在文化素养中，故解放后的艺术院校，对文化课的要求日益严格。绘画绝非么轻易能获得成就，它是苦难的事业，学画甚至是灵魂的冒险，但却反被误会为最方便的行当，涌入这个行当的人越来越多，专业的、业余的、速成的，空头美术家满天飞扬。书画被作为业余爱好，修身养性，美意延年，是普及美育的方向，应予以鼓励提倡，但今天书画有了价，于是"书画家"遍地崛起，如雨后春笋。空头美术家之易于成活，也因环境优越：寰宇美盲多。

真正优秀的文学艺术之诞生,都是作者真诚感情的倾吐,感到非写不可,非画不可,动机毫无功利目的。优秀作品最终产生社会价值、商业价值,往往为作者始料所不及。如今逆其道而行之,一味为赚钱、骗钱而粗制滥造,画家等同于乞食者。无论东方西方,外国街头近乎乞食者的卖艺人也不少,但外国的穷艺人倒是本本分分凭自己的手艺谋食,冒名伪造他人作品的情况少见。到巴黎蒙马特广场去买一幅画,你看中了,质量价格合适就可买,价钱不高,上不了大当,那里也绝不会有假冒马蒂斯等名家之作。外国人,老外,来到中国,也许觉得东西都便宜,买了冒名伪作书画的情况比比皆是,他们先是感到震惊,于是了解到中国人真狡猾,无道德、无耻。一位香港客人来北京买画,打电话问×画店有没有××名家的作品,回答说有;×××的呢,也有;××××的呢,也有。任你点任何名家的作品,货色齐全,客人于是请了一位画家朋友一同去画店选画,老板一见同来一位知名画家,回答说:"管仓库的将钥匙带走了,今天看不成。"

著作权法颁布不是为了锦上添花,而是为了确切保护知识产权,促进我国文化事业的健康发展。法律不是抽象的,有具体明文规定,凡制作或销售冒名假画均属侵犯艺术家著作权的行为,违法所得数额巨大或情节严重的,除处罚金外,可判三年以上七年以下有期徒刑。而朵云轩竟公然宣称他们的拍卖行规,说拍卖作品真伪毋须画家本人认可,否则他们以后拍卖就无法进行。此话有"道",否则作伪者们凭什么生存呢?作伪者之族真要感谢朵云轩的救苦救难,不,岂止救苦救难,更为他们开辟了广阔的新市场。伪作《炮打司令部》的作者尚躲在法纪之外,正在庆幸吧?你,你显然学过画,你显然知道王为政,知道我,你可能还认识我们!无疑,你识字,但不知你写不写日记呢?如果将这本真实的日记发表出来,倒是震撼人心的不朽之作。你在狞笑、内疚、战栗?……你仍平静地生活着,与妻、儿、父、母、朋友天天见面,谈笑自若?尼采宣布上帝已死亡,只有你，能够站起来宣布"真人复活了"！但你毕竟只能永远躲在阴暗里。看来也许你比娄阿鼠幸运多了，因为况钟比你早死。今日呼吁况大人，只缘阿鼠太猖狂！

载《光明日报》1995年1月18日

横站生涯五十年

伦敦，1949年。公共汽车上售票员胸前挂个袋，将售票所得的钱往袋里扔，如北京常见现象。我买了票，付的是硬币，售票员接过硬币，尚未及扔入袋，便立即找给我邻座一位绅士模样的先生，他付的是纸币，须找他钱。但他断然拒绝接受售票员刚从我手里收的硬币，售票员于是在袋中另换一枚硬币找他。我被歧视，我手中的英国硬币也被英国人拒收。巴黎，在街头排队等候公共汽车，车来了，很空，排队的人亦寥寥，我在排尾，前面的人都上车了，我正要跨步上车，车飞快开走，甩下我这个黄脸人。中午，美术学院的学生大都在就近餐厅用餐，每人托个菜盘，付餐券后，由工作人员给分一份菜，分给我的肉总比别人的小，或者仅是一块骨头，后来几个中国同学碰面聊天，原来大家的待遇正相同。在课室里，老师、同学很友好，甚至热情，艺术学习中无国籍了，艺术中感情的真伪一目了然。是西方艺术的魅力吸引我漂洋过海，负笈天涯。为了到西方留学，我付出了全部精力，甚至身家性命，这个美梦终于实现了，但现实的巴黎不是梦中的巴黎，错把梁园认家园，我虽属法国政府的公费留学生，但却是一个异国的灵魂失落者。学习，美好的学习，醉人的学习，但不知不觉间，我带着敌情观念在学习。我不属于法兰西，我的土壤在祖国，我不信在祖国土壤上成长的树矮于大洋彼岸的树。"中国的巨人只能在中国土地上成长，只有中国的巨人才能同外国的巨人较量"，这是我的偏激之言、肺腑之言。

北京，1950年。大概由于也吃过那么多苦，常常想起玄奘，珍惜玄奘取来的经典。我将取来的经传给美术学院的学生，从此我被确认为资产阶级形式主义者，承受各式各样的批判。从童年到青年，我认识的祖国是苦难的祖国，我想在作品中铭刻这深重的苦难。冰冻三尺，非一日之寒，解放初期的锣鼓和彩旗岂能掩住百年的贫穷真实，但我构思的作品一幅也不许可诞生，胎死腹中，最近我发表了短文《死胎》，抒写五十年前胎死腹中的母亲的沉重。无法触及深层的社会题材，我改弦易辙，改行作风景画，歌颂山河，夹杂长歌当哭的心态。离开巴黎，我对西方的敌情观念并未消减，反而更为强烈。每作画，往往考虑到背后有两个观众，一个是我的老乡，一个是西方的专家，能同时感染他们吗？难，我以我这一生拼搏在这个"难"字上了。

我经常参加全国性的大型美展之评选。"内容决定形式"成了美术创作的法律，于是作品成了政治口号的图解，许多年轻人很用功，很认真，赤胆忠心，但不理解造型美的基本规律，制作了大批无美感的图画。我自己在教学中仍悄悄给学生们灌输形式美的营养，冒着毒害青年的罪名。果然有一位学生被直接毒害了，他的毕业创作我评五分，但系里用集体评分办法改评为二分，不及格，影响毕业。1979年是大手笔在中国大地上划出的一条历史分界线，我有幸被划入80年代。从1979年起，我公开发表在教室里对学生的悄悄话《绘画的形式美》《内容决定形式？》《关于抽象美》。毫不掩饰地说，我发表这些必然引火烧身的文章，确是怀了救救中国美术的心情，救救中国美术是为了与外国美术较量，我的敌情观念始终没有淡化，虽然自己倒站在了中国美术界主流派的敌对方位，成为众矢之的。

与外国的交流多起来，形式美、抽象美等等早都成了流行语，时髦话，但天下永不太平，我又惹了是非，是对待笔墨和传统的立场问题了。

祖先的辉煌不是子孙的光环，近代陈陈相因、千篇一律的"中国画"

确如李小山呼吁的将走入穷途末路。我听老师的话大量临摹过近代水墨画，深感近亲婚姻的恶果，因之从70年代中期起彻底抛弃旧程式，探索中国画的现代化。所谓现代化其实就是结合现代人的生活、审美口味，而现代的生活与审美口味是缘于受了外来的影响。现代中国人与现代外国人有距离，但现代中国人与古代中国人距离更遥远。要在传统基础上发展现代化，话很正确，并表达了民族的感情，但实践中情况却复杂得多多。传统本身在不断变化，传谁的统？反传统，反反传统，反反反传统，在反反反反反中形成了大传统。叛逆不一定是创造，但创造中必有叛逆，如果遇上传统与创新间发生不可调和的矛盾，则创新重于传统。从达·芬奇到马蒂斯，从吴道子到梁楷，都证实是反反反的结果。中国近代画家中有思想有创造性者首推石涛，他的"一画之法"阐明了他对"法"的观念，认为法服从感受，每次感受不同，法（也可说笔墨）随之而变，故曰"一法贯众法""无法而法乃为至法"。别人攻击他没有古人笔墨，他的画语录可说是针对性的反击：即使笔不笔，墨不墨，画不画，自有我在。

"笔墨"误了终生，误了中国绘画的前程，因为反本求末，以"笔墨"之优劣当作了评画的标准。笔墨属于技巧，技巧包含笔墨，笔墨却不能包括技巧，何况技巧还只是表达作者感情的手段和奴才。针对以上情况，我发表了《笔墨等于零》的观点，这个零，是指笔墨价值的统一标准，故开宗明义，我强调："脱离了具体画面的孤立的笔墨，其价值等于零。"我自己同时在油彩和墨彩中探索，竭力想在纸上的墨彩中开辟宽广的大道，因不少西方人士认为纸上的中国画没有前途了。由于敌情观念和不服气吧，愿纸上的新中国画能与油画较量，以独特的面貌屹立于世界艺术之林，从这个角度看，我对中国画不是革命党，倒属保皇党了。

鲁迅先生说过因腹背受敌，必须横站，格外吃力。我自己感到一直横站在中、西之间，古、今之间，但居然横站了五十年，存在了五十年，缘于祖国正在大步前进，文艺作家享受到日益宽容的氛围，今值大庆之年，以此短文回顾昨日，祝贺今天和明朝。

载《文汇报》1999年10月9日

他和她

　　1987年夏天，他访印度后返国，经曼谷转机，停留两天。画家，他爱走遍天涯，到处寻找形象特色。第一次到曼谷，当然要抓紧时间看风光。但这回异乎寻常，他住下后第一件事便是跟同机到曼谷的驻外使馆的夫人们去金首饰店买了一个金镯子。他根本不懂首饰的质量和行情，只听这些夫人说曼谷的金首饰成色最好，又便宜，她们都不会放弃这个好机会，于是他跟去买了这只手镯，式样是老式的，而别人都买新潮型的项链。夫人们问他为什么买这老式手镯，他感谢她们旅途的照顾，又带他这个大外行来买金首饰，便吐露了自己的故事和心愿。1946年，他考取公费留学要到法国去，没有手表，很不方便，但没有余钱买表。他新婚的妻子有一只金手镯，是她母亲送她的，他转念想将手镯卖了买手表，她犹豫了，说那是假的，不值钱。她在母亲的纪念与夫妻的情意间彷徨了，几天后，对他说那是真金的，让他去卖了买手表。风风雨雨四十年过去了，她老了，他今天终于买到了接近原样的金手镯，奉还她。

　　她如今不爱金镯子，年轻时也并不爱金镯子。他出国留学时，她初怀孕，其后分娩、喂奶，便无法再在南京教小学，于是住到了他的老家，江南一个小农村里，自然更不需要金镯子了。三年的农村生活很清苦，但他的父母很疼爱这位湖南媳妇，无微不至地照顾她，胜过亲生的女儿。家务都不让她做，她专心抚育新生的孩子，孩子的没有见过面的爸爸远在巴黎，小孙孙更是爷爷奶奶的掌上明珠。乡村生活平淡而单调，她给他的信总是日记式的平铺直叙。有一次,她跟婆婆坐着小木船到十里外小镇上去给孩子买花布做衣裳,她描写途中的风光和见闻,便是书信中最有文采的情节了。从农村寄封信到巴黎,邮资是不小的负担,她不敢勤寄,总等积了半

吴冠中夫妇

月以上的日记才寄一次。信到巴黎,他哆嗦着拆开,像读《圣经》似的逐句逐字推敲、揣摩。有一回他一个半月没收到她的信,非常焦虑,何以他父亲也不代复一信呢?原来她难产,几乎送命,最后被送到县里医院全身麻醉动了大手术,母子侥幸脱险,她婆婆为此到庙里烧了香,磕了头。

他的公费不宽裕,省吃俭用,很想汇点钱给她,但外币的黑市与官价差距太大,无法汇。有一次,他将一张十美元的票子夹进名画明信片,再装入信封挂号寄回国,冒险试试,幸而收到了,她的喜悦自然远远超过了那点美元的价值。有一年秋天丰收,村里几家合雇一条大木船到无锡去粜稻,公公和婆婆要让她搭船到无锡去玩,散散心,城里姑娘在这偏僻农村一住几年,他们感到太委屈她了,很内疚。但她看到家里经济太困难,玩总要花点钱,不肯去,说等他回来再说吧。她的哥哥在南京工作,有一回特地赶到乡下来看她,她教孩子叫舅舅。那真是一次贵客临门的大喜事,引得邻居们都来看热闹:来了一个湖南舅舅。农村里婚嫁都局限在本村本乡,谁也没有见过湖南亲家。

他和她萍水相逢于重庆,日本人打进了国土,江南农村的他和湖南山村的她都被赶到了重庆。他于艺术院校毕业后在沙坪坝一所大学任助教,

她于女子师范学校毕业后也到那所大学附小任教，由于他的同学当过她的美术老师，他们相识了，同在沙坪坝住了四年，四年的友谊与恋爱，结成了终身伴侣。他眼里的她年轻、美貌、纯洁、善良。他事业心强，刻苦努力，一味向往艺术的成就。但她并不太理解或重视他的这些品质，只感于他的热情与真诚。她的父亲曾提醒过她，学艺术的将来都很穷。她倒并不太在乎穷不穷，她父亲是一个普通公务员，家里也很拮据，她习惯于俭朴，无奢望，她只嫌他脾气太急躁，有时近乎暴躁，在爱情中甚至有点暴君味道。她几次要离开他，但终于又被他火样的心攫住了，她不忍心伤他，她处事待人总不过分，肯随和。但后来她亦常有怨言：除了我，谁也不会同你共同生活。1946年暑天，他考全国范围的公费留学，虽只有两个绘画名额，他下决心要考中，她不信，后来真考中了，她虽高兴，也并非狂喜。此后，她成了妻子，生育、抚育孩子，放弃了自己的工作，忍受别离，寂寞的，默默的，无怨言。

他唯一的一件毛衣，红色的，是她临别时为他赶织的，他很珍惜这件毛衣。有一年春天，他同一位法国同学利用假期带着宿营的帐篷，驾仅容两人的轻便小舟顺塞纳河而下，一路写生。但第一天便遇险，覆舟于江心，他不会游泳，几乎淹死，他身上正穿着那件红毛衣，带着那只金镯子换来的手表，怀里有她的相片。幸而他最后还是获救了，直到他回国后她才知那毛衣曾陪他一同淹入过美丽的塞纳河。有一回，他托便人带回国很漂亮的毛线，想让她自己织件红毛衣，那是1949年巴黎最流行的一种玫瑰红，她用来织了两件小孩的毛衣，第一件先给她老家的侄儿，第二件才给自己的孩子，她长得美，自己不稀罕打扮吧！

野心勃勃的他一心想在巴黎飞黄腾达，然后接她到法国永远定居。有人劝他不要进学校以免落个学生身份，这对成名成家不利。但他还是认为应进学校认真学习，摸透人家的家底，同时他是公费生，按规定也必须进正式学院。无疑，他学习是拼命的，对爱情和艺术他永远是那么任性、自信。三年下来，他感到已了解西方艺术，尤其是现代艺术的精髓，但更明悟到艺术的实质问题，艺术只能在纯真无私的心灵中诞生，只能在自己的土壤里发芽，他最爱凡·高，感其虔诚。他吃了三年西方的奶，自己挤不出奶来，他只是一头山羊吧，必须回到自己的山里去吃草，才能有奶。祖国解放的洪流激起了海外游子的心花，他想立足于巴黎的"意志"开始动摇。他给她的信中谈这个最最要紧的问题时，她拿不定主意，不知如何答复，她确乎不很理解艺术，更不理解艺术家创作的道路，但她愿他的事业能如愿，大主意只能由他拿，而她自己并不想一辈子住到外国去。她经常做梦了，梦里永远为他不再来信而焦急，一直到今天，头发斑白了的她，还偶然在梦中因等不到他在国外的来信而忧虑。他比她自私，他太重视自己的艺术生命，在回国与否决定性问题中她不过是天平上的小小的砝码，但在关键时刻，小小的砝码却左右了大局。

1950年秋，他终于回到了北京，他接她和三岁的孩子到北京定居，开始过团聚的小家庭生活。他在美术学院任教，他的学术观点总遭到压制、批判，他被迫搞年画、宣传画，心情很不舒畅。她又开始小学教师的工作，整天在学校里忙，晚上还带回许多要批改的作业。她疲于对付工作和生活，爱情嘛，似乎将忘怀了。她又怀了第二个孩子，将分娩，在家休息，阵痛难受，而他正专注于一幅关于劳模题材的创作，对她体贴很不够，她感到伤心，作画的事有那么要紧吗？！而他既没有画好这幅画，又未能索性停笔坐在床前守着痛楚中的她，也为此永远感到内疚，深深谴责自己的自私，这样的灵魂深处能诞生艺术之苗吗？！

他后来终于被排挤出美术学院，调至大学建筑系任教，教绘画技巧，倒也避开了"左"的文艺思潮的压力。她也一同调到大学的附小任教。他们居住的条件改善了，他的母亲从农村来到北京，照管小孙孙们。他的野心，或者说他对艺术的抱负并不因被批判而收敛，他不服气，更加发愤作画，奋力画无从发表或展出的自己想画的画。经常因作画耽误吃饭的时间，又将有限的工资花在作画的材料上，寒暑假还自费去井冈山等远地写生。她开始不满，甚至有些气愤，认为没有必要这样自讨苦吃，凭已有的能力教课不是绰绰有余了吗？她回忆在沙坪坝时他专心攻读法文，那是为了想到法国去，既然已留学回来，何苦还这样苦干，总是生活得那样紧张，她从心底不高兴，她不止一次地发誓：不管你有多大本领，下辈子再也不嫁你了。他听了何尝不感到深深的委屈和苦恼。他与她的恋爱起步于年轻和热情，如今却逐渐暴露彼此的巨大差异，他们不是同路人，他们间的距离在一天天扩大。他们已有了三个孩子，她担负着整个家庭的安排，照样照料他的生活，他很少管家务，一味钻研自己的艺术，能说不是自私吗？他也感到痛苦的内心谴责，但不能自拔。

一次工作的调动逐步消除了他与她之间在不断扩大的隔阂。自从提出了"双百"方针，文艺界松了一口气，他被调到新成立的艺术学院，回归美术教学的本职。接着，她也被调到这学院搞美术资料工作。她教孩子们时一向认真负责，并感到是生活中的安慰，如今面对这外行工作，接触的又都是大学生了，很心虚。她本来只关心他的饮食起居，不过问他的艺术，她嫁他，并非由于重视他的艺术，当他留学归来在高等学府任教，她感到就可以了，她看到他带回的大批高级画册，许多都是裸体画，她不欣赏，尤其还有近代的马蒂斯、莫蒂里安尼等等，很反感。至于他自己的作品，她也无从辨其优劣，她根本不评论，那与她有什么相干呢？而现在，她整天要同美术画册、画片、史论著作打交道，不得不开始向身边的他请教了。古今中外，她淹没在美术的海洋中，他教她游泳，他收了一个新学生，他们像是被介绍而初相识的朋友。不过她并不肯定全听他的话，她认为他太主观。他每次陪她一同看画展，在每一件作品前讲解给她听，教她，她有时肯听，有时不接受，他往往为她不接受自己的意见而生气。他教的学生远比她听话。他对她盛气凌人："教了你还不服受教。"但同事和学生们都对她的印象很好，说她耐心、认真、谦虚，对业务也开始熟悉

冰雪残荷（红蜻蜓） 51cm×46cm 1996年 三合板·油彩

夜宴越千年　　68cm×90cm　　1997年　　宣纸·水墨

水巷　　73cm×60cm　　1997 年　　麻布・油画

夕阳兮晨曦　　94cm×82cm　　1999年　　宣纸·水墨

了。一年、二年、三年、五年……她一眼就能认出范宽、沈周、弘仁、波提切利、郁特利罗、蒙德里安，而且从马约尔和雷诺阿的胖裸体中能区别出壮实与宽松的不同美感来。

　　从20世纪50年代中期开始，他每年几次背着油画箱到深山、老林、穷乡、僻壤、边疆写生，探索油画民族化的新路。三十余年苦行僧的生涯，一箱一箱的油画堆满了小小的住室，她容忍了，同情了，并开始品评作品的得失。有一回他从海南岛写生后，因将油画占着自己的座位，人一直从广州站到北京，腿肿了，她很难过，其实他写生中的苦难远远不止于此，他不敢全对她讲，怕她下次不放心他远走。他后来写过一些风景写生回忆录，有一则记叙了她第一次见他在野外写生并协助他作画的事。那是1972年年底，各艺术院校师生正在各部队农场劳动。他们尽了最大的努力，总算获准短短的假期，到贵阳去探望她老母的病。路经桂林下车几天，到阳朔只能停留一天一夜。多年来，他似乎生活在禁闭中，早被剥夺了拥抱祖国山河的权利。即使只有一天，他渴望在阳朔能作一幅画。要作画，必须先江左江右、坡上坡下四处观察，构思，第二天才好动手。但住定旅店，已近黄昏，因此他只好不吃晚饭，放下背包便加快步子走马选景。其时社会秩序混乱，小偷流氓猖獗，她不放心在这人地生疏暮色苍茫的情况下让他一人出去乱跑，但她知道是无法阻止他这种强烈欲望的，而他又不肯让她陪同去急步选景，以免影响他的工作，她只好在不安中等待，也吃不下晚饭。当夜已笼罩了阳朔，只在稀疏的路灯下还能辨认道路，别处都已落在乌黑之中。他一脚高一脚低，沿漓江捉摸着方向和岔道回旅店去，心里很有些着急了。快到旅店大门口，一个黑黑的人影早在等着，那是她，她一见他，急得哭起来了。他彻夜难眠，构思第二天一早便要动手的画面。翌晨，却下起细雨来。他让她去观光，自己冒雨在江畔作画，祈求上帝开恩，雨也许会停吧！然而雨并不停，而且越下越大了。她也无意观光，用小小的雨伞遮住了他的画面，两人都听凭雨淋。他淋雨作画曾是常事，但不愿她来吃这苦头。她确乎不乐于淋雨，但数十年的相伴，她深深了解劝阻是徒然的，也感到不应该劝阻，只好助他作画。画到一个阶段，他需搬动画架，变动写生地点，迁到了山上。雨倒停下来了，但刮起大风来，画架支不住，他几乎要哭了。她用双手扶住画面，用身体替代了画架。冬日的阳朔虽不如北方凛冽，但大风降温，四只手都冻得僵硬了。他和她已是鬓色斑斑的老伴，当时他们的三个孩子：老大在内蒙古边境游牧，老二在山西农村插队，老三在不断流动的建筑工地，他俩也不在同一农场，不易见面，家里的房子空锁着已三四年，这回同去探望她弥留中的老母，心情是并不愉快的。但她体谅到他那种久不能作画的内心痛苦，在陪他淋雨、挨冻中没肯吐露心底的语言："还画什么画！"

这之前，还在"文革"前一年，因院系调整，他调到另一所美术学院，她调到美术研究机构。后来"文革"中便随着各自的单位到不同地区的农村由部队领导着劳动，改造思想。因几次更换地区，有一段时期，他和她单位的劳动地点相距只十余华里，有幸时能在星期日被允许相互探望。探望后的当天下午，他送她或她送他返驻地，总送到半途，分手处是几家农户，有一架葡萄半遮掩着土墙和拱门，这是他们的十里长亭。当下放生活将结束返京时，他特意去画了这小小的农院，画面并飞进了两只燕子，是小资产阶级的情意了，不宜泄露天机。

回顾在"文革"初期，他得了严重的肝炎，总治不好，同时痔疮又恶化，因之经常通宵失眠。她看他失眠得如此痛苦，临睡时用手摸他的头，说她这一摸就定能睡着了。她很少幻想，从不撒谎，竟撒起这样可笑的谎来，而他不再嘲笑她幼稚，只感到无边的悲凉和无限的安慰。恶劣的病情拖了几年，体质已非常差，她和他都感到他是活不太久了，但彼此都不敢明说，怕伤了对方。后来，他索性重又任性作画，自制一条月经带式的背带托住严重的脱肛，坚持工作，他决心以作画自杀。他听说他留学巴黎的老同学已成了名画家，回国观光时作为上宾被周总理接见过，他能服气吗？！世间确有不少奇迹，他的健康居然在忘我作画中一天天恢复，医生治不好的肝炎被疯狂的艺术劳动赶跑了。肝炎好转后，又由一位高明的卢大夫动大手术治愈了严重的痔疮脱肛，他终生感激卢大夫还给了他艺术生命。面对着病与贫，她熬过了多少岁月，她一向反对他走极端，她劝他休息、养病，但她说不服他。而今他的极端的行动真的奏了效，她虽感到意外欣喜，但仍不愿他继续走极端，她要人，不要艺术，而他要艺术不顾人。

　　为了躲避"破四旧"，他的大量作品曾分藏到亲友家，他深信他火葬后这些画会成为出土文物，让后人在中西结合中参考他探索的脚印。三中全会的春风使他获得了真正的解放。他受过的压抑、他的不服气、近乎野心的抱负都汇成了他忘我创作的巨大动力。他在三十余年漫长岁月中摸索着没同路人的艺术之路、寂寞之路，是独木桥？是阳关道？是特殊的历史时代与他自己的特殊条件赋予了他这探索的使命感。他早先也曾在朦胧中憧憬过这方向，并也犹豫过。终于真的起步了，不可否认，她确是其中一个决定性的偶然因素。在苦难的岁月中，他说他的命运是被她决定的；当他感到幸而走上了真正的艺术之路，他说他的成就归属于她的赐予。是怨是颂，她都并不为之生气或得意，她平静、客观。他的小小画室里每年、每月、每周诞生出新作品来，如果一个月中不产生更新颖的作品，他便苦恼。她劝他：哪能每月创新，这样的创新也就不珍贵了。这劝慰对他毫不起作用，她为之生气，她尤其生气吃饭时刻他不肯放下工作，孩子们都独立生活了，只剩老两口一起吃饭，还一前一后，她做好了饭往往一个人自己吃。他事后道歉，但下次又犯，恶习难改。

　　她退休了。一辈子守着工作和家庭，除了下放农村那年月，她几十年来没离开北京去外地旅游过。如今，她每次跟他一同到外地去写生，崂山、镜泊湖、小三峡、黄河壶口、天台山村、高原窑洞……不过他已有名气，每到一地总有人接待、邀请，条件很好，她吃不到苦了。她本想多了解和体会些他一辈子风雨中写生的艰辛,但太晚了,等待她的已是舒适和欢笑。她紧跟着他在山间写生,帮他背画夹,找石头当坐凳,默默看他作画,用傻瓜相机照他作画中的状貌,也帮他选景。她选的景有时真被他采纳了,而且画成了上等作品,她感到从未享受过的愉快。她眼中平常的景物,经他采撷组织,构成了全新的画面,表达了独特的意境,她很受启发,她虽看过无数名作,但从未观察过作品诞生的全过程。她陪他一同出来写生,一方面因已晚年了,愿到处走走散散心,也为了一路照顾他的生活,近乎作伴旅游。但意外,她窥见了人生的另一面,那是他生活的整个宇宙。她以前确乎很不理解这宇宙里的苦乐,她与他共同生活了几十年,却并未真正生活在同一个宇宙里。她以帮他发现新题材为最大的快乐,他也确乎开始依靠她了,自己的着眼点总易局限在自己固有的审美范畴内,她的无框框的或天真的爱好给予他极大的启迪。每次外出写生回家后,他依据素材创作一批作品,她逐步了解他工作的分量及每件作品的成败得失,她毫不含糊地提意见,她,旁观者清。她比他更能代表一个普通中国人的欣赏水平和审美情趣。他总考虑到他的作品前应有两个观众,一个是西方的大师吧,另一个是普通中国人,那么她就是这个中国人,或者说她是他最理想最方便的通向群众的桥梁。她不仅是他作品的第一个读者,并逐渐成为他作品的权威评论者,哪件作品能放在画室,哪件该毁掉,他衷心尊重她的意见。因为有无数次刚作完画时,他不同意她对新作的评价,但过了几天,还是信服她的看法,承认自己当时太主观。在那幽静的山林或乡村,他一写生就是大半天,她看得不耐烦时,自己到附近走走。有一回住在巫峡附近的小山村青石洞,到沿江一条羊肠小道上写生,俯视峭壁千仞,十分惊险。她缓步走远了,他发现她许久未回,高呼不应,认真着急起来,丢开画具一路呼唤,杳无回音,急哭了。在今天的天平上,她已远远重于艺术,他立即回忆到未体贴她分娩阵痛的内疚,他只要她,宁肯放弃艺术了。终于在二华里外找到了她,她正同一位村里的老婆婆在谈家常,重温她的四川话。她自己也备个速写本,有时坐在他身旁也描画起来,反正谁也看不见,不怕人笑话。他却从她幼稚的笔底发现真趣,他有些作品脱胎于她的初稿。她一辈子中不知借给了他多少时间,节约了他对生活的支付,如今她又开始提供艺术的心灵了。他欠她太多,永远无法偿还。

他在家作大幅画时,紧张中不断脱衣服,最后几乎是赤裸的,还出汗。她随时为他洗刷墨盆色碟,频频换水,并抽空用傻瓜相机照下他那工作中的丑态,她不认为是丑态。这种情况下他不吃饭,她是理解的、同情的,但当并不作这么大画时他仍不能按时吃饭,她仍为之生气。她总劝他,要服老,将近七十岁了,工作不能过分。他不止一次向她吐露心曲:留在巴黎的同学借法国的土壤开花,我不信种在自己的土地里长不成树;我的艺术是真情的结晶,真情将跨越地区和时代,永远扣人心弦,我深信自己的作品将会在世界各地唤起共鸣,有生之年我要唱出心底的最强音,我不服气!他一再唠叨这些老话,像祥林嫂不断重复阿毛被狼吃掉的经过,她实在听腻了:不爱听,不爱听!她认为他实在太过分,全不听她劝告,真生气了。而他被她泼了满头冷水,也真伤心了,各自含着苦水彼此沉默了许多天,往往要等到小孙孙们来家时才解开爷爷奶奶间难以告人的疙瘩。

她退休后在家里更忙,为他登记往来的画稿、稿费,到邮局退寄不该接受的汇款和包裹,代复无理的来信……她深入了他的社交

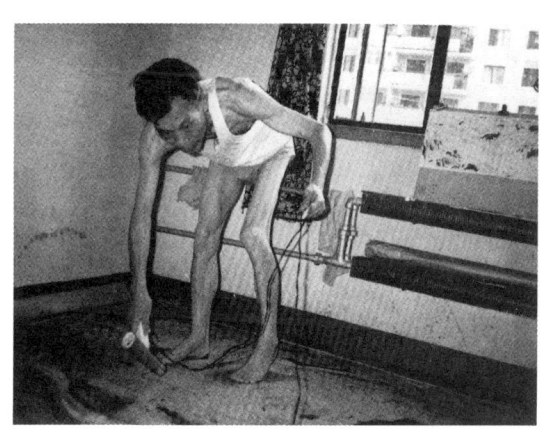

20世纪80年代,吴冠中在北京方庄住所的画室中作画

关系，了解哪些是真诚的朋友，哪些是假意的客人，什么样的电话才叫他亲自接，她轻易不惊动作画中的他。他的画室不让小孙孙们走去捣乱，她什么都迁就小孙孙，但禁止小孙孙进画室去；孩子哭闹着要进去时，她抱着他们进去一转就出来，在孩子们的眼中，爷爷的画室最神秘。

她并不喜欢来访的外国人，外国客人走后接着来朋友或昔日的学生时，她感到分外愉快自如。1987年，她随他到香港参加他回顾展的开幕，她第一次离开大陆，飞在高空时心情很不平静，倒并非急乎想看看未曾见过的花花世界，只为他的作品将在海外受到考验而心潮起伏；而他却是那样自信，自己知道自己的分量，市秤或公斤并不能改变物体本身的重量。国外的邀请展多起来，她随他飞新加坡，飞日本，也将飞美国与欧洲去吧，她比较感兴趣的是巴黎，想看看他年轻时留学的环境，想看看他几乎淹死在其间的塞纳河。不过她并不喜欢这样在国际间飞来飞去忙于展出，劝他偃旗息鼓，要他休息，每年一同到国内幽静的乡间寻找新素材，画出新颖的作品来就是最幸福的晚年了。他虽也深深同情这样的心态，向往田园生活，在宁静中相互搀扶着走向夕阳，但不时又感到尚未吐出胸中块垒。

他和她总不能同一天离开人间，他们终有一天要分手，永远分手。

1988年10月

续《他和她》

她突然病倒，病情严重：脑血栓。那是1991年的早春，他们住宅附近的龙潭湖公园里杨柳转青、桃花吐蕾，正编织着点线朦胧彩色诗境，而经常来此漫步的他和她消失了。他们一同坠入了恐怖的深渊，已看不见身外的世界。

她很少生病，但从巴黎回来后身体曾不适，终于确诊患了冠心病。在巴黎一月，她太累了，不懂法语，一步也离不开他，而他除陪她参观以外，主要要作画，因此拖着她市内郊区到处跑，吃饭的时间也不规律。她利用他作画时，有时在附近椅子上休息片刻，但3月的巴黎多雨，她又往往忙于打着伞保护他作画。虽然辛苦，她还是满意的，她喜欢巴黎，她终于看到了他当年学习的旧地。她参观了他当年学习的教室及庭院，那所巴黎美术学院今天看来并不壮观，却是她在他故乡农村时日日惦念中的神秘殿堂。近几年来，她已多次去过东京、纽约、华盛顿、波士顿、洛杉矶、旧金山、新加坡……看够了花花世界，但她最喜欢巴黎，喜欢巴黎的艺术气氛。巴黎又有他们知心的朋友朱德群和熊秉明，情谊亲切，大家一同去访莫奈故居，扫凡·高之墓，实在难得，真是愉快，她总怀疑是在做梦吧。在这里，他们不用翻译，两人自由行动。他当年在这里写给她的大量书信中所谈的一切，今天都想竭力给她印证一番，而那大批两地情书却在"文化大革命"中被烧毁了。

被确诊冠心病后，她听医嘱服药，散步，注意休息，两年来一直未发病，健康状况很稳定。这次偶然出现头晕，先以为是心脏病影响，到协和医院急诊，查心电图仍无异常，便不介意。但一周后头晕加剧，呕吐，耳鸣，脸部及手脚有麻痹感，嘴亦开始歪斜……连夜赶到301医院急诊留观。经多方检查，确诊是脑椎底动脉系统血栓形成，而且血栓在要害部位，医生说潜伏着生命危险，情况非同小可。他和他们的儿子、儿媳们奔走求名医，找病房，亲友、学生们都想来帮忙，但谁也帮不上忙，她也不愿别人来看她。她头晕不止，说话费力，发音含糊。小孙孙采了花要送去病房，大人不让去，他便在家哭闹：我要看奶奶，是我的奶奶，我要去！这时候，他们的长子在新加坡，正有一家大出版公司要聘他任编辑，他一面等工作准许证，一面又犹豫是留下工作还是返回北京。电话打到家里总听不到妈妈接，他感到有些反常。爸爸骗他说妈妈到弟弟家住了，并咬着牙回答：家里一切都好。除非二十四孝的美德能救治母病，否则徒增海外游子在关键时刻的彷徨，又何必呢？他到病房告诉她这情况，她主张都让他们走，孩子们各家只能走各家的路，我们留住他们也无济于事。但她掩不住内心的凄怆：你将最好的名医都请来了，我的病看来已难治，你自己也做好安排吧！其时病情仍在发展中，他和她各自忍着泪，怕伤了对方，话不再说下去。

忙碌的他，一向被时间追赶，也追赶时间，如今却被时间抛弃了。像被囚在一个死角，什么也干不下去，并不再有时间观念。块垒在胸中沉淀，无处倾吐。夜来，回到卧房，他哭了。反正她听不到，抱着她的枕头痛哭，是死别了！泉涌的泪似乎冲走一些郁闷，哭罢倒似乎舒畅些，便吞安眠药睡去，夜半突然醒来，依然失落在恐怖的深渊中。她不能走得太早，她才六十六岁，怎狠心摧毁了他最后十年的艺术生涯？他自恃坚强，其实脆弱；他继承了中国文化的气质和情思：人间信有鸳鸯鸟。

她平生最怕蛇，电视里《动物世界》出现蛇的时候，她便闭上眼睛，甚至走开。怕蛇，也怕鳝鱼，但他最爱吃鳝鱼。他们在重庆沙坪坝初恋时，他第一次请她吃饭，点了一个自认为最好的菜：鳝鱼，她不吃，又不好意思说原因。凡蛇皮做的鞋、手提包及一切工艺品，她都不敢触摸。然而如今，偏偏要用毒蛇来治她的病。用由蝮蛇毒液提炼的抗栓酶输入血液，是目前治脑血栓较新的疗法。她听到要用蛇毒，先是吃惊，但很快就接受了，天天让蛇毒注入自己的血液。见不得蛇的她，如今盼望毒蛇救她的性命了。蛇毒的治疗使病情缓解，逐步好转，虽然见效很慢，毕竟前景显现光亮了。他随之珍惜毒蛇，体谅它吐毒液原只是为了保卫自身。爱护毒蛇吧，应捕杀的倒是恶毒的人，比蛇更毒的人正多着呢。

在医院里缓慢地度过了三个月，躺卧了三个月，她开始听到鸟鸣，啊，耳聋好转了！窗外柳絮乱飞，不是雪花，她视力也有了进步！歪的嘴也回复，接近原位了！陪住的小阿姨扶她到院里小坐，她仰首看看蓝天，看看浮云，大自然仍那么悠闲，并未注意到她的病倒。虽然依然有些头晕，她愿被扶着自己试走。走，像学步的孩子。她争着想自己独立地走，走进人生去，她要走回人间。

又是初夏了。每年夏季的傍晚，他和她总要到附近农贸市场散步一圈，欣赏各式各样的菜蔬果品，观察卖菜农民们的行动和心态，这往往引起他们在他故乡农村居住时的种种回忆。从医院回来，他偶尔一个人也去散步一圈，回忆他们一同散步时的情景，自然那是另一种孤独心情了。突然，一双小手从背后伸过来抱他，他的小孙孙追上来："爷爷，奶奶叫我陪你散步，前天我跟妈去医院时，奶奶悄悄说的。"

她的病情刚开始缓解，另一种急剧的情绪向他袭来，那是永远在啮咬他、吞噬他的恶魔。或许有人认为那是艺术之神，是天使，但他却为之付出了全部身家性命而不得解脱。他曾转念，这回跟她走了，也就逃脱了魔掌，安息了吧，他总记得凡·高的最后一句遗言："苦难永不会终结。"他突然翻开尘封的画具，展开素纸，思绪纵横，落笔泼墨失去指挥。挥毫似撒网，情如线，理还乱，网不尽人间欢笑哀怨，他抒写的也许就是情网。

他愤怒了，巨笔落浓墨，团团黑，绘成不祥之花黑牡丹，自题："妻病，心情恶，丹青久闲搁，落墨成黑花，有人遭身戮。"

多年来，她经常记日记。她不推敲文辞，只记下生活中的真情实事，记的都是关于他或小孙孙们的事，不谈她自己。人家发表了他的年谱，错误多，要校正，他们的儿媳担任校正工作，主要的依据便是她抽屉里那一堆大大小小的日记本。病倒后，日记中断了，他想为她续写，写她，但心忧如焚，写不下去。病情缓解，痛定思痛，夜阑人静，是回忆病房朝暮的时候了。

急诊观察处在地下室，条件不好，护理人员少，她的儿媳喂她饮食时，她坐不住，他用胸顶着她的背，维持她上身的平衡。曾有人发表过文章，说他在野外写生时，因限于环境条件，她曾用自己的背为他当画板。这说得太夸张了，她只是在大风中帮他扶住画架，助他完成作品，今天他用自己的胸顶住她病中的背，苦于仍不能解除她丝毫痛苦。她只吃几口饭或喝几口水，就累得满头是汗，甚至呕吐。他看着她那痛苦的模样，伸手抚摸她的额头，想缓解她的苦难。他记得，当年他患严重的失眠时，她用手抚摸她的额头，并发誓保证：我这一摸，你定能入睡。但今天她却意识不到他抚摸她时的心情与隐痛，她只立即肯定地、科学性地做出反应：不发烧。他明知她不发烧，她大概以为不发烧便足以安慰他了。

香港寄来一份英文版《亚洲周刊》画报，其中发表了他和她的几幅彩色大照片，是他们去年应香港土地发展公司之邀，在街头作画被记者采访时拍摄的，那时她显得健康而愉快。小孙孙抢着要将画报送去病房给奶奶看，他挡住了。奶奶的嘴正歪得厉害，五官不正，在病情恶化中看了照片，她会更难过。后来，她脸部肌肉瘫痪好转，嘴也正过来，他便给她看画报。她显得很平静。她从来不爱出头露面，更不愿以他的荣誉来增自己的光彩。1990年，新加坡电视台拍摄他的专题片《风筝不断线》，她被劝说多次才肯出场，她顽固地继承了中国妇女传统素质。

他们虽都已退休，昔日的学生来问候及探望的仍不少。她同他一样了解每个学生的业务水平、人格品德及不同的遭遇。他先构思搞一次师生画展，因感到自己这一页将被历史翻过去，该学学钟馗嫁妹，了却心头夙愿。她虽深感搞展览太麻烦，却很同意组织并资助这样的展览。后来又有海外友人热心资助，促成了展出，并出版了师生作品选。5月间，展览在中国历史博物馆的正厅开幕时，气氛热烈，展览性质和展品质量也颇引人注目，遗憾的是她无法出席。各届毕业同学，包括从外地赶来的，都在展厅找她，才知她已病倒。他们要集体去医院看她，几番联系，她都婉谢了。前些时，他的一位研究生曾偷偷打听了地址到病房看她，见她的模样便止不住流泪。怕影响她的情绪，借口她该休息，急匆匆离去，而她已深深感受到了彼此一晤间的悲凉。

从位于劲松七区的家到玉泉路病院，相距甚远，轿车要走一小时，乘公共汽车或地铁则要近二小时。她的儿子、儿媳们几乎整天奔走在拥挤的交通线上。他们不让他走公共交通路线，怕他心绪不宁，路上走神出事。他只能每次雇出租车往返医院，每月工资不足付车钱。他绝不吝啬车钱，但感到有车在医院外面等着，心里太不自在。有一天下午，他突然想去病院，但事先并未订好车，便自己偷偷乘公共汽车赶去看望她。抵达病院已值下班时刻，她惊讶他的突然来临，怨言甚于喜悦。她叫陪住的小阿姨电话通知他们的儿子，儿子临时约他学院的轿车来接他，因司机正要吃晚饭，饭后赶到病院已晚上九点。他到家大约已过十点，小阿姨及儿子们相继来电话询问是否平安抵达。她的不安的心态及孩子们的周密安排，使他不再能随时任性去看她，他感到失去了自由，感情的自由。

她虽然头晕、眼花、听力差、说话困难，神志却始终很清楚。几年来在东、西方各国的见闻，以及参加各种场合的活动，接触到各式各样的人，都增加了她淡泊处世的意愿。她劝他悬崖勒马，远离名利，经常到祖国幽静的山林与小村子里去享受轻松的晚年，没有真正的新意就不必再作画。他逐渐被她说服，倾向于接受她的观点，以后一同多往偏僻的山野走，少出国或不再出国。这场恶病的剧变，却又粉碎了他们向往隐遁生活的晚年梦。他和她无论失去了谁，都失去了所有的路，所有通向闹市和通向僻壤的路，通向荣誉或通向淡泊的路。当年他长期在逆境中搏斗、挣扎，在不断遭批判中能坚决走自己的路，她的淡泊与善良一直是他精神上的保护伞。他老了，曾经沧海，即使无风雨，似乎也永远离不开那保护伞了。他曾经常常埋怨她拖后腿，因她总劝他少作画。今日病重而神志清醒的她，却劝他少来病院，回家作画。她深知他只有作画才能忘我。但他这回不，他不画了。直到她病情好转，他才真的又想作画了。他想将方庄新住所的画室先收拾起来，以便作巨幅。方庄的新住所将是他俩的新居，画室较宽敞，要不是她生病，他们早已搬过去了。但她听说他想一人去新居作大画，太不放心，立即叫儿子儿媳们阻止，决不让他一人去作画。她心里确也没有了蓝图，想不出他们的明天，明天的他和她。

20世纪90年代，吴冠中与老伴和小孙女在自己的作品前

5月下旬一天下午，他在卧房独坐，似乎什么也不想，听凭时光流逝。电话铃响了，他懒得去接。电话总是太多，如果她在家，所有的电话几乎都是她先接，过滤，尽量不打扰他的工作。这一次，话筒里直呼他的名，是女人的声音，他估计大概是哪个老同窗来问候她的病情吧。但，偏偏是她本人！她居然从病房被扶到电话机前自己同他直接通话了。他居然

听不出她的声音,这突然和偶然使他丧失了一切经验和理解。他哭了,哭她复活了。人们哭死亡,哭生离死别,恐怕很少哭过复活。第二天傍晚,他出门漫步,回家后儿媳告诉他这期间妈(她)来过电话。于是他几乎每天不敢出门,但她并没再来电话。她为了显示病情的好转,挣扎着去打电话,其实是颇费力的。

因为长子已确定在新加坡工作,儿媳和小孙孙必然将离开爷爷奶奶,并已开始办理出国探亲手续。十岁的小孙孙似乎也已看到未来的情况。自奶奶发病住院后,每周总有一二次中午饭只有爷爷和孙孙两人吃。爷爷等孙孙放学回家后商量如何做饭,其实只需煮面条,菜在冰箱里,是儿媳早晨去医院探望前先准备好的。虽然这样简单,还是孙孙指导爷爷煮面及弄菜的步骤,爷爷平时全不懂厨房里的任何操作程序。孙孙叫爷爷趁早跟他妈妈学做饭,担心日后谁来做饭呢,这本是奶奶操心的问题,奶奶似乎管不了了。但她真能不再操心吗?他自己倒真没操心到吃饭问题。他告诉小孙孙说,爷爷在抗日战争年代当穷学生时,曾经用脸盆煮一盆饭和青蚕豆,分三天吃,就是说,煮一次吃三天。

一经发现树枝冒芽,那芽便日夜不停地生长,展叶,不多久就绿树成荫了。病院设在一个部队的大院之中,这里也许原是郊区丛林墓地,今日仍保留着松林乔木,又掺杂着种了各类灌木花卉,蔷薇与月季吐开了一簇簇红、白花朵。随着病情的逐步好转,病人觉察到花开花谢的生命递变,生,长,显然都是奔向消亡,那又何必急匆匆追赶呢?但生命的旅程既停不了脚步,也放缓不了脚步,都由不得自己。他扶着她到病房旁幽静而寂寞的林园里小坐,她看到松林里有一棵白皮松,感到很亲切,指给他看:这不是白皮松嘛!她知道他一向爱画白皮松。芍药已经开过,只剩下叶丛,她记得她母亲当年曾在景山公园买了束鲜艳的芍药,送家来给他画。他画了一幅油画及一幅水彩,那水彩送了朋友,前几天香港画商还寄来这幅水彩的照片,要求鉴定真伪。同时寄来的还有一幅葫芦,小孙孙说爷爷从未画过葫芦，肯定是假的。奶奶说：我们以前住前海大杂院时种过葫芦，爷爷画过葫芦，那时你爸还是小学生，不过这幅葫芦画得不好，像是别人伪作。病中的她，不愿现实的事来干扰，也不愿过问现实的事，但遥远的事却桩桩件件浮现到眼前来。到花园小坐逐渐成了每天的功课，医生也说今后要多靠自己锻炼。她试着独自走，围绕一个椭圆形花坛走，如感到头晕或吃力，随时可以扶住花坛的水泥围栏。她已绕过一个花甲的人生，又回到了幼儿时代的小圈子里打转转，脱落了枯叶的干枝等待再度冒新芽。

　　病院春秋，几家欢乐几家愁。逐渐恢复健康的病人早晚都挣扎着到园里学步，学步中的病友彼此虽并不熟识，但相互显得颇关心。大家知道她不久将出院了，恭贺她，羡慕她。她向来探望的他谈得最多的便是一个个病友的病情，各人走路的姿势和症状的要害。已潜伏在深水几个月，她观察和熟悉的只是身边各种鱼类的活动。

　　出院的日子一天天接近，她将浮出水面，回家去。他记得他们在南京结婚后一同回到他农村的老家时，他的家人曾放爆竹欢迎她这位湖南新娘。最近，法国文化部将授予他文艺勋位，授勋的日子正巧是她出院的日子，他愿以这荣誉作为她回家的志庆。但因法国大使临时回国，授勋活动推迟一个月，他因她而为此感到遗憾。在没有爆竹、没有荣誉的平淡中她被接回家了。守铁门的老大爷、扫院子的老阿姨，亲热地过来叫她大姐，恭贺她的归来。由小阿姨搀扶着，她自己一步一步缓慢地登上三楼。他帮着搀扶，她不要，嫌他不会扶，她在病院时已和小阿姨合作着试登过多次楼梯了。她早已练习攀登，为了攀登到自己的家。

　　她确乎感到又回到人间了。抚摸着卧床、桌椅、衣柜，自己走，自己坐到沙发上，自己摸进厕所，又摸到他的画室。为了让她有较宽的步行余地，他收起了画室的大案子，这阶段只缩在一角画小幅油画。晚上，在新加坡的儿子来电话，急于听到病后母亲的声音，至少已四个月没听到慈母之音了。通话很短,遮掩了她口齿发音不甚清晰的症状,也避免了情绪的激动,这是家人最担心的一个电话。此后,便切断了她卧室的电话,隔离红尘,让她安心静养,照常服药,因为病症并未完全消失。

吃饭的时候,她起来坐到桌前吃。病前,只是她和他两人吃,儿子儿媳一家在另一室吃。如今儿子远在新加坡,儿媳和小孙孙便和爷爷奶奶一同吃。小孙孙叫吴言,但她几次都叫他"可雨",引得小孙孙大笑,因吴言的爸爸才叫可雨,奶奶把他当爸爸了。奶奶说病了便糊里糊涂,弄错了。其实不怪她弄错,她自己觉得回到人间了,真真实实回到人间了,她从头开始生活,又回到了年轻时代,何况小孙孙吴言和儿子可雨又长得那样相似。

有一回她自己学着从暖瓶里倒出开水来,沏了茶,自己举着茶杯送到正在作画的他的面前,叫他休息喝茶。他从来没有在作画中停下来喝茶的习惯,以往她每叫他停下喝水,他都反感,不听她的劝,这回他接过她颤巍巍送来的茶,眼前却浮现出孟光的故事。

她的病像天气阴晴般变化,他的感情也随着波动。一次,当他为急于赴宴而找不到袜子着急时,她责备他,并抱怨自己过去照顾他太多了,这些生活琐事本该他自己处理。她病后,家里早已凌乱不堪,里里外外的事已忙得他头脑超载、心烦意乱,接近精神错乱的边缘,再听她责怪,几乎想砸烂衣柜发泄闷气。屈于她的病,他耐下了难耐的暴躁,也许将由此孕育某种恶症吧。

北京遇上了一个多雨的夏天,林荫道上总是湿漉漉的,清晨更是凉爽。保留了医院的作息习惯,她六点多便起床,由小阿姨扶着下楼,沿着穿绕楼群的林荫道练习走路,他也跟着走。每遇小片树林,总有三五成群的老年人在默默锻炼身体。蝉尚未开始高唱,很寂静,挂在枝头鸟笼里的百灵鸟的鸣叫成了晨曲中的主旋律。她谨慎地、认真地走,唯恐头晕或摔倒,顾不上欣赏叶上的水珠,也不听鸟的歌唱,倒往往停步注视老人们锻炼的姿势，猜测别人的病情。人，最注意同路人。在与疾病挣扎的险途中，她觉得自己是孤独者，失去了生活的情趣，失去了笑容。他不被认为是同路人，他感到被她冷漠的无名悲凉。如果她的病不再能完全康复，也不知他和她将坠入怎样相同或相异的苦难中去。他似乎逐渐明悟到生、老、病、死的人生为什么会酿造出佛的宇宙。他能入禅吗？他一向嘲笑佛与禅的虚妄。

1991年7月17日，法国驻华大使克洛德·马尔当先生代表法国文化部给他授勋，授予法国文化最高勋位。马尔当先生在授勋仪式的致辞中介绍了他的简历，准确地点到了他历程之艰难并热情洋溢地评价了他的艺术特色，及对中、法两国人民的影响。致词的真挚触动了他的心弦，他原以为大使先生只是执行一种官方的手续。他的答词只说自己诞生于农村，是土生土长的中国人，接受了中国的传统文化教育，留学法国也使他爱上法国的文化、人民和土壤，那里确是他学习中的第二故乡。这时他脑海中又泛起了当年回国与否的旧矛盾、旧波涛。波涛中呈现出她的形象。她不是洛神，鬓色斑斑的她此刻正躺在病床上。他持回勋章和法国文化部部长杰克朗先生签名的证书给她看，这本是他曾盼望作为迎她出院的喜讯。如今喜讯迟到了，但她对此却颇为淡泊，不急于看，让小孙孙抢着金光闪闪的勋章先看，她只从旁补了一句："你也真不容易。"他想回答："你也真不容易。"但他没有说出口。这毕竟是一种荣誉吧，但是是苦难织成的荣誉，而且是两个人的苦难。荣誉及有关荣誉的一切都来得太晚，对他俩已是昨日的花。他想起印象派的猛士莫奈，在被官方嘲笑和咒骂中探索了一辈子，当他的艺术被世界鼓掌时，法兰西学院终于提供一把交椅，请九十高龄的大师进入这堂皇的殿堂。莫奈婉谢了。"文革"前，人民美术出版社已印就石鲁的书集，但被迫要抽掉《南征北战》这一幅作品，不得不征求作者的意见。石鲁断然拒绝，并退回了稿费。这些忠贞艺术的探索者，他十分崇敬，感到自己确乎不该享有法国文化部的勋章，何况目下北京的

野草　48cm×45cm　2000年　水墨设色

四合院　　70cm×140cm　　2003年　　油画

四合院　　2003 年　　水墨

人之裸 2005年 水墨

《美术》杂志还发表讥讽他的文章。他并未到达真正的坦途，探索中本来永无坦途。

他和她也许正挣扎在夕阳中，夕阳之后又是晨曦，愿他们再度沐浴到晨曦的光辉。

1991年7月

后续《他和她》

她成了婴儿。

病作弄她,她忘记了有几个儿子,但能说出三个儿子的名氏。早上他守着她吃了药,说好中午、晚上再吃,转身,她将一天的药都吃了。于是他只能按次发药给她吃,平时将药藏起来。

她自己知道糊涂了,很悲观,连开放水管与关闭电视也弄不清。家里不让她接触火、天然气,但她习惯每晚要到厨房检查一遍,检查煤球、煤饼炉有没有封好火。封火,是她平生的要事,现在只须开关天然气及电门按钮,但她仍说是封火,每次试着开关多次,最后自己还是糊涂了,不知是开是关,于是夜里又起床到厨房再检查。家人只好将厨房上锁,她不乐意,到处找钥匙。无奈,他只好开了锁,跟她走进厨房巡视一遍。

每晚,他们各吃一个酸奶,总是她从冰箱里取出酸奶,将吸管插入奶盒,然后分食。最近一次,刚好只剩一盒酸奶了,谁吃?互相推让。因吸管也没有了,她找来小匙,打开奶盒,用匙挖了奶递给他,像是喂孩子,是她没有忘记终生对他的伺候呢,还是她一时弄错了,该递给他盒奶而不是用小匙喂奶。夜,并坐沙发看电视,她不看,看他毛衣上许多散发,便一根一根捡,深色毛衣上的白发很好寻,她捡了许多,捏成一小团,问他丢何处,他给她一张白纸,她用白纸仔细包起来,包得很严实,像一个日本点心,交给他,看着他丢进纸篓,放心了。

他的妹妹是医生,从湖北常来电话,时刻关心她新近的病情,哭着说报不尽琴姐（嫂子，即她）的恩，因家穷，已往总穿琴姐的衣服。他同她回忆这些往事，她弄不清是说事还是说情，反问：是衣服太瘦？欣喜与哀愁一齐离她远了，她入了佛境。有一次，她随手抽出一张报刊画页看，看得很细致，她想说话，但说不出来，看来她在画页上没找见他的作品，有疑问，想提问。他见她语言又生了障碍，更心酸，拍着她的背说：不说了，不看了，早些睡觉吧，今天输液一天太累了。她很听话，让他牵着手走进卧房，他发现她忘了溺器，这本是她天天自己收捡，连阿姨也不让碰的工作。

他两年前病倒，像地震后幸存的楼，仍直立，并自己行走，人家夸他身体好，不像八十六岁的老人。其实机体已残损，加之严重的失眠，他是悲观的，他完全不能适应不工作、无追求的生活，感到长寿只是延长徒刑。最近她的病情骤变，他必须伺候她。她终生照顾了他的生活，哺育了三个孩子，她永远付出，今日到他反哺她的时候了。他为她活着，她是圣母，他愿牺牲一切来卫护圣母。他伴着她，寸步不离，欲哭也，但感到回报的幸福。但他们只相依，却无法交谈了。她耳背，神志时时不清醒，刚说过的话立刻全部忘掉，脑子被洗成了白纸。他觉得自己脑子的底色却被涂成可怕的灰暗。

医生诊断她是脑萎缩，并增添了糖尿病。因此每顿饭中他给她吃一颗降糖药。有一回儿子乙丁回来共餐，餐间乙丁发给她降糖药，她多要一颗，给他吃，她将药认作童年分配的糖果。

春光明媚，阳光和煦，今天乙丁夫妇开车来接她和他及可雨去园林观光，主要想使她的思维活跃些。到她熟悉的中山公园了，但无处停车，太多的车侵占了所有的街道和景点的前后门，他们只好到旧居什刹海，停车胡同中，步行教她看昔日的残景和今天的新貌。老字号烤肉季新装修的餐厅里，一些洋人利用等待上菜的时刻，忙着在印有圆明园柱石的明信片上给友人写短信。她看看，并无反应。又指给她看自家旧居的大门，她说不进去了。她将当年催送煤球煤饼，倒土、买菜、买糖的事一概抹尽，这住了二十年的老窝似乎与她无关，或者从未相识。

她和他在家总是两个人吃饭，吃饭时遇他正忙事时她便自己先吃了。有一回晚间他发烧，立即去医院，家里正晚餐时候，叫她先吃，她很快吃完，但吃完后一直坐在饭桌不走，等他回来吃饭。偶尔他因事晚回来，冬日下午五点钟，天已擦黑，他进门，厅里是黑的，餐厅是黑的，未开灯，不见她。卧室阳台的窗户上，伏着她的背影，她朝楼下马路看，看他的归来。

一次，她自己在床上摆弄衣裤，他帮她，她不要，原来她尿湿了衣裤，又不愿别人协助。她洗澡，不得不让步让阿姨帮忙了。他洗澡都在夜间临睡前，她已睡下，听到他洗澡，她又起床到卫生间，想帮他擦背。年轻时代，谁也没帮谁擦，她只为三个孩子洗过澡，那时是用一个大木盆擦澡。面对孩子，她的人生充实而无愧。她今天飘着白发，扶着手杖，走在公园里，不相识的孩子们都亲切地叫她奶奶，一声奶奶，呈现出一个灿烂人生。

他有时作些小幅画或探索汉字造型的新样式，每有作品便拉她看，希望艺术的感染能拉回她些许情丝。她仍葆有一定的审美品位，识别得作品的优劣，不过往往自相矛盾了。有时刚过一小时，再叫她重看，她问：什么时候画了这画，我从未见过。他不能再从她那儿获得共鸣。没有了精神的交流，他和她仍是每天守护着的六十年的伴侣。他写伴侣二字，凸出了两个人、两个口、两道横卧的线、两个点，浓墨粗笔触间两个小小的点分外引人，这是窥视人生的眼，正逼视观众，直刺观众的心魄。

1946年在南京，教育部公费留学发榜，她从重庆赶到南京结婚，"洞房花烛夜，金榜题名时"。他们享受到了人生最辉煌的一刻，但她，虽也欣慰，并非狂喜。这个巨大的人生闪光点也很快消失在他们的生存命运中。最近，像出现了一座古墓，他无比激动，要以"史记"为题记录他年轻时投入的一场战役。1946年，陈之佛先生作为教育部部聘的美术史评卷者，发现一份最佳答案，批了九十几分。发榜后他去拜访陈之佛，陈老师谈起这考卷事，才知正是他的，他泪湿。但谁也不会想到陈老师用毛笔抄录了那份一千八百字的史论卷——抄录时他也不知道谁是答卷者。六十年来，陈老师家属完好地保存那份"状元"卷，那是历史的一个切片，从中可分析当年的水平、年轻人的观点。陈老师对中国美术发展的殷切期望，其学者品质和慈母心肠令人敬仰。陈老师家属近期从他有关文集中了解到他正是答卷人，并存有陈老师为他们证婚的相片及为他们画的茶花伴小鸟一双，也甚感欣慰。他同她谈这件新颖的往事，六十年婚姻生活的冠上明珠，她淡然，此事似乎与她无关，她对人间哀乐太陌生了。他感到无穷的孤独、永远的孤独，两个面对面的情侣、白发老伴的孤独。孤独，如那弃婴，有人收养吗？

因一时作不了大画，他和她离开了他的大工作室，住到方庄90年代初建的一幢楼房里，虽只有一百来平方米，但方向、光线很好。前年，孩子们又给装修一次，铺了地板，焕然一新。春节前后，客送的花铺成了半个花房。孩子们给父母不断买新装，都是鲜红色，现代型的。她穿着红毛衣、红袄，手持杖，笃！笃！笃！在花丛中徘徊，也不知是福是禄。

但老年的病痛并不予他安享晚年。他不如她单纯，他不爱看红红绿绿的鲜艳人生，他将可有可无之物当垃圾处理掉，只留下一个空空的空间，他的人生就是在空间中走尽，看来前程已短，或者还余下无穷的思考。思考是他唯一的人生目标了。他崇拜过大师、杰作，对艺术奉之以圣。40年代他在巴黎时去蒙马特高地参观了那举世闻名的售画广场，第一次看到画家伸手要法郎然后给画像，讨价还价出售巴黎的风光和色相。呵！乞丐之群呵，他也只属于这个群族，仿佛已是面临悬崖的小羊。从此，居巴黎期间他再也没去过这售画场，而看到学院内同学们背着画夹画箱，似乎觉得他们都是去赶高地售画广场的。今天住在姹紫嫣红丛中的白头人偏偏没有失去记忆，乞丐生涯是自己和同行们的本色。在生命过程中发挥了自己的全部精力，对生生不绝的人类做出了新的贡献，躯体之衰败便无可悲哀。他和她的暮年住在温暖之窝，令人羡慕，但他觉得同老死于山洞内的虎豹们是一样的归宿。她不想，听凭什么时候死去，她不回忆、不憧憬。他偶尔拉她的手，似乎问她什么时候该结束我们病痛的残年，她缩回手，没有反应。年年的花，年年谢去，小孙子买来野鸟鸣叫的玩具，想让爷爷奶奶常听听四野的生命之音，但奶奶爷爷仍无兴趣，他们只愿孙辈们自己快活，看到他们自己种植的果木。

载《文汇报》2006年3月27日

铁的纪念
——送别秉明

熊秉明因脑溢血，于2002年12月14日晚九时四十五分逝世。巴黎时间晨三时，北京已近十时，我听完噩耗后，放下电话，缓步室内，回顾。抚摸秉明的两件作品，一件铁铸的牛，另一件是铁片打成的鲁迅浮雕像，都是铁的。

2001年9月25日，秉明在《人民日报》（海外版）发表《关于鲁迅纪念像的构想》，今录其中小段：

> 1947年我留学法国，在巴黎结识吴冠中。第一次见面，他学画，我学哲学，一时抓不到共同的话题，有些冷场的尴尬。忽然说到鲁迅，说到凡·高，顿时如烈火碰到干柴，对话于是毕毕剥剥地燃烧起来。那时我们二十几岁，仿佛在昨天。后来，我在西方滞留下来，五十多年了，鲁迅的形象一直隐显在我的想象世界里，大概是在80年代，我曾用硬纸板剪贴鲁迅的像，朋友们看了都以为不错，1999年北京大学庆祝百年校庆，留欧同学会决定赠母校一座雕像，妻丙安想到我的剪贴鲁迅像可以放大用铁片焊制为浮雕，大家一致赞同。这浮雕现在悬在北大图书馆。

鲁迅的纪念像当是铁质的。

铁是鲁迅偏爱的金属。铁给人的感觉是刚硬的、朴质的、冷静的、锋锐的、不可侵犯的、具有战斗性的。在文章中，在小说中，他常以"铁似的"来比喻他所赞美的人物。

《铸剑》："挤进一个黑色的人来，黑须黑眼睛，瘦得如铁。"

《理水》："只见一排黑瘦的乞丐似的东西，不动，不言，不笑，像铁铸的一样。"

《秋夜》："……而最直最长的几枝，却已默默地铁似的直刺着奇怪而高的天空……"

秉明赠我的那件鲁迅浮雕像，就是为北大制作时的铁的初稿。40年代他在巴黎放弃哲学而转入美术学院学雕塑，后来以铁打的东方写意性作品引来巴黎艺坛瞩目。他曾说战后铜贵因而取用铁，他的铁的形式中蕴藏着鲁迅精神，故他偏爱塑造牛，他的巨型《孺子牛》将永远伏在南京大学校园中。

我和秉明属抗日战争胜利后，教育部首届全国严格竞争考试挑选的公费留学生，留法的共四十名，其中像吴文俊在数学上做出了杰出成就的固可喜，但在各行各业里也都该是精英，如顾寿观、端木正、王道乾、何广乾、朱荣昭……遗憾的是，并未能赋予他们充分发挥才华的机缘，相反，遭到各式各样的不幸，于今大都飘零不知情况了。我们经历了两个不同的时代，我们尝尽难言之苦。今摘80年代秉明为我画集所作序言的小段：

> 淹留在艺术之都的巴黎做纯粹的画家呢？回到故土去做拓荒者呢？冠中也曾犹豫过，苦恼过。1950年他怀着描绘故国新貌的决心回去了，怀着唐僧取经的心情回去了，怀着奉献生命给那一片天地的虔诚回去了。但是不久，文艺的教条主义的紧箍咒便勒到他那样的天真的理想主义者的头上，一节紧似一节，直到"文化大革命"，艺术生命完全被窒息。我们的通讯中断了。他最后的信说：今生不能相见

了，连纸上的细说也不可能。人生短，艺术长，但愿我们的作品终得见面，由她们去相对倾诉吧！

其实，当我未回国前，我们，包括所有的同学，在巴黎已多次通宵相互倾吐、分析、讨论过回国与否的大问题。我们都热爱自己的专业，不怕为专业而舍身，但对政治，多半不关心，显得幼稚、无知。正因我们生活在被歧视的西方，分外热爱祖国。我们推崇西方先进的文化，奋力学习，但却鄙视媚外心态，自己甚至是带着敌情观念学习的。在这样的生存环境和思想基础上，解放后先行回国的几批留学生似乎属于探路的冒险者，留在海外的注视着先行者的命运。接着1957年反右，一直在回国与否间彷徨的秉明，下决心将其居室改名"断念楼"。楼名断念，其实正因念不能断也。

从此，我和秉明在不同的社会条件和不同的人际关系中走不同的人生之路，我们各自支付掉自己的青春、中年，直到齿危发秃的老年。他从雕刻、绘画、文艺分析一直跨入书法，他于无疆界的文艺领域任性驰骋，而似乎又永远离不开哲学的思辨。我说他对艺术只恋爱，从不考虑结婚，他认为我这样评语对他是贴切的。诚然，他没有适合的帽子：哲人、画家、文学家、诗人、文艺理论家……我没有留他的名片，名片上大概只能印一个户籍吧：巴黎大学东方语言文化系教授兼系主任。但这已是过时的头衔了。

在他众多作品和著作中，我认为最具独特建树性价值的是《中国书法理论体系》，此著作该得诺贝尔奖。书法，始于实用，借用了形象，无意中撞入艺术之门庭。今日看，书法的构架、韵律、性情之透露，都体现了现代艺术所追求的归纳与升华。无可争辩，书法与艺术抽象结缘已久远，但她不可能下嫁给抽象艺术，成为抽象艺术之家的儿媳，因为，她永远离不开生养她的家门：实用性与可读性。秉明结合西方艺术的造型规律，分析、阐明中国书法的形体演变与精神展拓。中西文化的比较已是治学的必经之道，对此，须要客观、冷静的心态。既不盲目崇洋，也不陶醉于古人的辉煌。在传统的光环与祖先的秘方中，敢于犀利地揭示自己之缺失甚至卑劣的，是鲁迅。秉明，我们，我们这一代，起步于鲁迅对传统的尊视而非陶醉的出发点。

天翻地覆慨而慷，1979年改革开放，换了人间。秉明于80年代发表了他40年代的日记择抄，其间一篇《回去》，谈当时我们在巴黎大学城讨论回国问题，争辩了一整夜，倦极，他翌晨回去倒头睡去。书出版时他加了附记：

> 也许可以说醒来时，已经1982年。翻阅并重抄这天的日记时，三十年过去了。这三十年来的生活就仿佛是这一夜谈话的延续，好像从那一夜起，我们的命运已经判定，无论是回去的人，是逗留在国外的人，都从此依了各人的才能、气质、机遇扮演不同的角色，以不同的艰辛，取得不同的收获。当时不可知的，期冀着的，都或已实现，或已幻灭，或已成定局，有了揭晓。醒来了，此刻，抚今追昔，感到悚然与肃然。

长夜梦醒之后，我们常见面了，在香港、台北、巴黎、北

20世纪80年代，吴冠中与夫人拜谒米勒故居

京。在巴黎我们一同去吊凡·高墓，访米勒故居，当我们在米勒故居前石条凳上合影时，他说上次余光中来就是在这同一地点同一角度留影的。秉明陪过不少国内去的学人参观罗丹、奥赛、吉美等等博物馆，深感我们这一代中国知识分子的心态与情思是如此相似，我们是我们时代的铁制雕刻，有的发锈了，有的被磨亮了。我和秉明不仅真的见面了，我们的作品自然也相互倾诉了。秉明、德群和我的作品在新加坡博览会中举办过联

吴冠中在凡·高墓前

展，秉明的和我的文集又在天津百花文艺出版社及上海文汇出版社的丛书中相聚，我们享受着团圆的愉快。秉明则更感到回归的欢乐，他的个展"远行与回归"在北京、上海、昆明举办时，规模不算大，却获得了超乎寻常的巨大反应，人们深深感受到一位远行归来、乡音未改鬓毛衰的老艺术家的童心。在经济大潮中，弄潮儿都到海外去找寻发迹的机缘，而五十年后归来的熊秉明在弹唱中，伴奏的却是故国丝竹之音。展览请柬上那断肠人骑着瘦马，正步在小桥上，他于夕阳西下中起步归来，而抵达祖国时已是晨曦。在北京的座谈会上，人们由衷述说各人对秉明作品的感受，造型的、心灵的、智慧的、良知的……秉明，坐着倾听的瘦小老头，当最后人们要求他发言时，他有些惊讶：大家赞美着一位出众的艺术家，但我不敢相信，这位真、善、美的人能是我吗？

确乎，秉明的观众和读者群在祖国，他们比西方的人们更感知作者的寒暖。看来作者客居巴黎五十余年，虽彻悟西方艺术的真谛，吸取、消化，但再吐出的自己的作品，是浸染过自己的血液的，对这血的气息，同

胞们特殊敏感。

秉明在巴黎大学教授中国语文、书法。我遇到不少法国驻外使馆的官员，甚至法航的服务员中，凡能讲华文的，多半是巴黎大学秉明的学生，秉明在巴黎普及了中国文化。近几年来，他除了回国展览、讲学，并多次到北京为书法班讲课，他用造型艺术的基本规律分析字的构成，从技进于道，有异于传统的书法讲授。他在东西方做普及文化的工作，但他的"普及"紧依着提高现代文化的轴，他是以直观来贯穿普及与提高的，他着意于童心与哲理的呼应。

大概有人了解秉明与我的友谊，因此不少记者、出版社、读者想通过我认识秉明，向他约稿并表示景仰之情，我给秉明转达了人们的真情实意。事实上，秉明晚年的工作对象，他的观众和读者也主要在东方，在祖国。他最后定居在巴黎远郊，那附近有公园和森林，他约我到那林中去漫步，说那里有我喜欢的老树。我感到了他的寂寞，一个异国老人，客居海外，为祖国工作着。我认为他不如归来，就落户在嘈杂的父老乡亲中。但我没有向他建议，因这明明是徒然，人生之缘都早已被谁圈定。当我常冥想着他的归宿时，意外地提前爆发了他的崩塌。半年前，我在京与他在书法班上相叙后，返巴黎前他本想偕夫人再来我家告别，并看望我的老伴。我看他太忙太累，又住得远，便劝说免了，下次再见。他也确乎太累，就接受我的意见，在电话中告别。岂料，从此，永无下次再见了，我面对着他"远行与回归"展的请柬，注视那断肠人骑着瘦马，而那小桥已断，他回不来了，魂兮归来！

载《文汇报》2003年1月13日

海外遇故知
——访巴黎画家朱德群

与外界隔膜数十年，我突然回到三十年前的学习旧地巴黎，寻新访故，有时感到眼花缭乱，有时又不无一枕黄粱之叹。我一向喜爱现代艺术作品中感觉的敏锐性和表现手法的多样化，十年动乱中在偏远农村劳动期间，也总惦念着欧美现代艺术日新月异的变化。这回我是先到尼日利亚，首都阿布贾的一些现代雕刻与绘画显然是受了西欧或美国的影响，在巴黎正展出墨西哥的古代雕刻及现代绘画，现代部分显然也是欧美式的抽象面貌。对照近几年在北京展出过的日本现代绘画、南斯拉夫现代艺术、菲律宾的现代绘画及波士顿博物馆藏画展中的现代作品，再看巴黎的艺术倾向，我感到现代作品中抽象形式的共性强于各民族国家的特色，虽不能抹杀作品中作者们自己的个性特色，但多数抽象作品给我一种"似曾相识"的类同感。一方面，现代艺术日益世界化，另一方面，民族艺术要现代化，其间将是怎样复杂微妙的关系呢？有相爱、有误会，时时会闹点别扭吧！

我这个乡下佬在巴黎现代艺术的花花世界中还是想寻找乡亲吧！是的，乡亲还是不少，首先在巴黎画家朱德群的工作室中，我遇到了乡亲、知音。在他大量的大幅油画作品前，我感受到的是中国山水画中气韵生动的美感，而全未意识到自己正面对着抽象绘画。作者一幅又一幅翻出他的作品，我时而如登上了云南玉龙山，眼看白雪欲吞噬黑石，搏斗难分难解，引来助阵的喜鹊与乌鸦；时而如进入了故乡善卷洞的水洞里，潺潺流水拍击千层岩嶂，水里荡漾着灯光渔火，倏忽明灭；忽而跌入深潭数千寻，草藻沉浮，卵石隐隐，鱼跃水溅，一团被卷入了漩涡……知音，故国之音，乡土之色，这些道是抽象却具象的画境立即在我同去访问的中国画家间引起了共鸣，大家感到一样亲切！

我仔细分析朱德群的作品，他用流畅半透明的色调控制画面的气氛，他用浓郁泼辣的色块渗入画面，有时像是羼入了画的深层，时隐时现。他用奔放的笔或宽阔的刷子挥写出网状、线状的运动感和节奏感，大弦嘈嘈似急雨，小弦切切似私语。巨幅画面一气呵成的效果使内行人一眼就可体会作者创作时的紧张情绪，正如德拉克洛瓦作画之始，铺色块时像饿虎扑食，并说要用扫帚开始，以绣花针来结束。朱德群画面的主要构成因素是"动"，每幅画都是一部运动的和声，作者将他运动的节奏之美统一在和谐的色调之中，让人隔着水晶看狂舞而听不到一点噪音，粗犷的力溶于宁静的美。这里还涉及空间深度与平面装饰效果的配合问题：若用写实手法表现深远空间，画面虚处多，前景实处的形象往往偏于一隅而陷于单薄；若着力于近景的选择，使实的装饰效果成为画面的主体，则空间深远之感又嫌不足。朱德群的抽象绘画不受近景远景具体物象的约束，他竭力追求深远的空间感与具体笔墨的韵律相结合，使纵深感与形象性都得到最充分的发挥。虽然朱德群作品表达的情绪每幅不同，但约略可找到两类倾向。一类倾向"扩张感"，用色以冷调为多，淡雅透明，汲取了也发挥了宣纸墨趣的效果，色韵结合了墨韵，不难于此辨认中国传统绘画的气质；另一类倾向"包围感"，用色以暖调为多，表现中光感起了主要作用，观众如瞥见电击丛林、火生原野，混沌宇宙中珠宝透出异光，东方画家与伦勃朗拥抱了。也许作者自己并未意识到，但我感到这两类不同的倾向透露了作者曾在两条道路中艰苦探索的脚印：从东方出发寻找西方，又从西方出发回头寻找东方。作品大都无题，但我可以代为命题："奔腾""滂沱""蜿蜓""沉浮"……然而我发现有一幅作品是作者自己命了题的:《怀乡》。

我立即回忆起四十余年前我和朱德群在国立杭州艺专同学时的情形。他也是科班出身,从预科用木炭画希腊石膏头像开始,画素描裸体、油画裸体,在吴大羽等老师的指导下,经受了六年严峻的基本功锻炼。同时又跟潘天寿老师学国画,大量临摹了自宋元至明清的山水、花鸟、兰竹、人物,也是一板一眼地学习传统绘画的手法。艺术观点的一致使我们长期保持着坚固的友谊,后来我先去巴黎,他在台湾师大艺术系任教,音信一度阻隔。当他1955年5月5日也抵达巴黎时,他立即打听我的地址,我已回国了。他在巴黎开始了新的探索,在坚实的写实基础上他汲取中国传统肖像画的单纯统一,所作夫人景昭的肖像于1956年春季沙龙获荣誉奖,他沿着这条道路再探索,第二幅景昭肖像于1957年春季沙龙获得了银质奖。我看挂在他们夫妇床头的这两幅二十余年前的肖像画,像是昨天新画的,风格我一见就认得出,三十年前旧相识。但,到巴黎二年后,朱德群的画风很快就变了,特别是斯太埃尔(N·Stacl)给了他新的启示,他于是转向用色、线、块、面等纯粹的绘画语言来表达自我感受,他1956年作的第一幅黑底色的抽象绘画参加了五月沙龙,博得了艺术界的赞扬,这是他绘画生涯中的里程碑,标志了他此后付出二十余年实践的新路。

我在三年前收到德群的一本画册,乍看,一集都是抽象绘画,是无标题音乐,但我感到熟悉、亲切,一如别后数十年的老友来访,尚未见面,先听到门外嬉笑说话的声音,便知是谁来了。印刷品只是印刷品,海河照片不是海,朱德群的原作比印刷品丰富多了,他画面的滋润感印刷品就根本反映不出来。德群是安徽萧县人,北方人性格,豪爽、热情,对朋友毫不吝啬,他在作品中亦竭力想使观众得到最丰富的视觉享受、最大的满足,他尽情绘写,画面层次复杂,多样统一。你想从他的画里数清有多少构成因素吗?不容易,其中如苍穹幻变,方圆互让,有疾风骤雨,也有光怪陆离,但也还是可以找到许多不知名状的形象的姻亲的:王蒙的披麻、板桥的兰竹、石涛的苔点、范宽的山影……

就是由于意境与表现手法中的中国情调吧，朱德群在欧洲抽象画派中始终独树一帜，数十年来除巴黎及法国别省不断举办他的个展外，意大利、西班牙、德国、瑞士、卢森堡等亦多次举办他的个展，作品经常去美国、丹麦、希腊、比利时等各地展出。画家朱德群的成功，说明了中国艺术气派受到了欢迎。犹如在海外做出了贡献的科学家，不少海外的艺术家在漫长的艰辛的岁月中也取得了独特的成就，发扬了祖国艺术的传统，扩大了她的影响。

是时候了，我希望三十年巴黎事丹青的老友能回国探亲，再次呼吸祖国大地的泥土气息。

载香港《大公报》1982年4月11日

驰骋　2006年　水墨设色

凹凸　　44cm×48cm　　2007年　　水墨

苏醒 48cm×60cm 2007年 水墨设色

吹吹打打　　2007年　　水墨

燕归来
——喜迎朱德群画展

柳丝飘绿，桃花吐红，春天，燕子飞回来了。1997年是祖国鲜艳夺目的春天，民族复兴，人民欢腾，当这最美好的时光，迎来了朱德群画展。

朱德群走过了漫长的艺术历程。漫长，不仅仅由于他辛勤耕耘了六十年，也指他从东方到西方，从具象到抽象的探索，探索之艰苦与收获之难得。他开始学艺于国立杭州艺专，打下了坚实的造型基础，更得益于林风眠、吴大羽及潘天寿等几位高瞻远瞩的教授的启蒙，很早接触到西方现代艺术和民族传统艺术，并特别重视其精华与糟粕的识别，这识别，影响了画家终生的航向。朱德群在写实或写意的作品中，牢牢把握作品的美感，对形式美进行推敲。面对具体对象，更吸引画家的是对象中形的构成、线的组合、块面的安排、色彩的呼应等等。他在这一领域中追求了二十年，从杭州到重庆，到南京，到台湾，基本上是"吾道一以贯之"。1955年到巴黎定居后，情况慢慢开始演变。其时抽象画风覆盖巴黎甚至整个西方画坛，从朱德群看来，抽象画所表现的构成、起伏、进退、蜿蜒、奔泻、浓缩、扩散、虚实、韵律等等因素，本都隐隐约约蕴藏在杰出的具象作品中，如今只是扬弃具象的躯壳，让这些构成美感的因素独立自由闯荡画面，创造新的视觉世界。斯太埃尔的作品突出了块面构成，但仍遗存具象的踪影，这对当时的朱德群颇有启示，朱德群终于逐步跨入具象的探索。

朱德群这位高个子北方人，曾是篮球运动员，体魄壮健，处处追求力度，初步跨入自由的抽象园地，他痛痛快快用大黑块及或粗或细的黑线来抒发胸中豪气，水墨画的浓郁的黑、流畅的线于是涌进了他的油画。中国传统艺术中的大写意、狂草、纹样、随方就圆的处理手法，都显示了审美中的抽象品位，而太湖石当更是亨利·摩尔（Henry Moor）的知音。由民族艺术哺育过的朱德群到巴黎后不久遭遇到西方抽象艺术的挑战，倒唤醒了他内心深处的东方神韵。从此他在抽象绘画中搏斗了四十年，他尝试过明暗相衬相咬，焦点聚光式的林布朗效果；跨越过通体明亮，淡雅色彩流泻的宇宙氛围；织造过线、面纠缠，复杂穿梭的迷宫景观……

朱德群作品永远在追求运动感，山雨欲来风满楼，波涛翻滚中似见鱼龙隐现，或令人感到十面埋伏、草木皆兵。他用大刀阔斧而多转折的笔触构成主旋律，用鲜明的色块或锋利的线条来击节，奏出最强音。1993年，我的十二岁的小孙孙跟我到巴黎德群家做客，德群翻出新作，宽敞的工作室里展开一幅幅巨大的画面，我们高谈阔论，旁若无人，小孙孙伏在地上默默看，悄悄听，他像只小狗，我们忘记了这小家伙的存在。深夜回到公寓，我才想起问小孙孙：你在朱爷爷的画上看到了什么？他发议论了：这些都是抽象画，但抽象里有许多具象的东西。我追问：什么东西？他摇头晃脑思索片刻：有战争，有街市，有灯光射进了溶洞，有高山流水……我拍拍他的小脑袋，他爸妈也赞扬他，他似乎真的成了评论权威了。

两家门下转轮来，具象与抽象绝非格格不入，实质上两家原属一家，营造美感之家。如果具象绘画中缺乏抽象的美之因素，则画得再"像"，再精致，却无美感。一位中国农民曾犹豫地评论我的一幅失败了的作品：画得很像。但对另一幅我自己认为满意的作品，他脱口而出：很美。我这两幅画都是以具象面貌出现的，美与"像"孰重孰轻？抽象艺术愈来愈普及了。以鬼画桃符充抽象绘画来唬人的空头美术家正大量繁衍，这当由于抽象作品还不够普及，鱼目混珠何时了，今朱德群的作品终于能回到祖国展出，给了我们一个难得的参照机缘。十二岁的孩子从抽象中看到了多样具象，而作者经半个多世纪的探索，才在具象中发现、提炼出美感之抽象精英，幸运的儿童品尝了作者六十多年才出窖的佳酿。

朱德群一幅代表性巨幅作品名《白色的森林》，何谓白色的森林，并非森林雪景。画面笔触纵横，块、点隐现，嘈嘈杂杂，腾跃于太空，更多细线错落如网，均织入银灰色的世界中。画家任性挥洒，绘出了繁杂多样、虚实梦幻、喜怒奔放……这一切其实均系人生经历中所积淀的哀怨与幸运，一朝冲破内心深处的幕纱，展示出作者漫长艺术生涯的轨迹与烙印。白点蒙蒙，非花非雾，将人间万象推向遥远，那遥远是无际森林，白茫茫的人生森林。谅作者并非事先有意表现森林，而系面对自己完成了的作品，才发现、觉察了自己的生命之"森林"。朱德群更常用墨绿、朱红、明黄、深蓝等浓重色彩营造画面，追求黄钟大吕鸣奏之洪亮效果。王希孟《千里江山图》的金碧辉煌也在他的油彩中被浓缩，被发扬。传统中国艺术的精华将被子孙译成现代造型语言，与西方现代艺术相对照、媲美，看来已是必然的新潮了。

德群首先着眼于画面的全局效果。远看西洋画，西方绘画近建筑性，着眼于上墙后的远距离效果，这方面却往往是我国传统绘画的薄弱环节。中国画讲究可读、可游，《江山卧游图》甚至是躺着品味的。中国有人说西洋画是"近看鬼打架"，这当指印象派以后的作品，鬼打架不一定都属缺点。而中国传统则从笔墨的运转及就绢或宣纸的质地特点创造了宜近视耐看的肌理。德群在粗犷的油彩挥写中竭力发展中国的笔韵墨趣，赋予笔墨以时代性与世界性。黏糊糊的油彩被德群改织成半透明的新装，透明或半透明的效果本是宣纸特有的风采，愿这种中华风采从祖传秘方而飘扬寰宇。

由于偶然又特殊的机缘，我因认识了德群而误入艺途。从此我们患难与共，成了艺术道路中的生死之交。人生又使我们分道扬镳五十年，终于又殊途同归,对各自艺术上的发展过程,彼此一目了然,而且观点始终颇接近,今日相叙犹如学艺之初朝夕相处的情况。少年同窗,今均已白发满头,廉颇老矣,希能加饭,为发扬祖国艺术再做一分努力。

1997年

艺途春秋
——五十年创作回顾

往事如昨。五十年创作生涯：东、西求索。青年时代在巴黎面临去留的选择，那将决定我终生的道路。留：争取在法兰西的大花园也开一朵玫瑰花；去，回去，归来，矢志开出自己的腊梅花来，三味书屋的那棵腊梅花，鲁迅眼里的腊梅花。

取回了西天的经：视觉形象中的形式美感。学玄奘译经，在传统的意境美领域中播种形式美因素，或者发掘、发展其原有的潜伏的形式美因素。说时容易做时难。我背着沉重的画具，从东海之滨到西藏高原，数十年来踏遍祖国大地，在油画写生中探索民族风格，人民喜闻乐见的新形式，西方人同样能感受的东方审美情致。两家门下转轮来，摸透了双方的家底，发现愈往高处走，东、西方艺术的本质愈显得一致，油彩或墨彩工具之异不是区分中西艺术的关键。也因在油画中趋向概括、洗练，也因油画工具先天不足，难于表达各样感受，我同时运用水墨挥写。油彩与墨彩，如剪刀的两面锋刃，愿剪裁出时代新装。

面对西方，不服气。倒并不认为别人的葡萄是酸的，但坚信能种出自己的甜葡萄来。竞争意识包含着敌情观念。然而我的艺术观被国内有关方面长期认为是资产阶级的，是形式主义。鲁迅说过他腹背受敌，必须横站，分外吃力，我尝到了那吃力的滋味。人同此心，心同此理，我深信人民理解的到来，或早或迟。我无安泰之大力，但与安泰共有母亲。

世事沉浮，祸兮福兮之转化也由不得自己。画有了价，金钱诱人，我70年代那些冒着批判，不敢签名，画成便藏起来的油画也成了商品市场的"货"。于是，送友人、同学的画，为纪念馆、宾馆、报刊作的画，甚至画稿、不像样的废画都进入了流通市场，纷纷通过各种渠道来请我鉴定真假。伪作之多、之劣，令人咋舌。年过古稀，来日苦短，为避免谬种流传，我加紧毁尽不满意的作品，虽然件件作品皆浸染血汗，却是病儿！

　　最近，因法国文化部授予我文艺勋位，不少当年的老同窗从海内外来信祝贺，他们确认我当年从巴黎回国的选择是正确的、有胆识的。近半个世纪前的旧事重提，仍触动我的心弦，因我只能作一次选择，至今步入暮年，仍无法对自己的艺术生涯做出结论，也许我以一生的实践提供了人们一个作比较研究的例证，是功是过，任人评说。

1993年